日本をひらいた国家理想

# 五箇条の御誓文の真実

GOKAJO NO GOSEIMON
*Ito Tetsuo*

伊藤哲夫

致知出版社

# 五箇条の御誓文の真実＊目次

## 序章　今なぜ「五箇条の御誓文」なのか



## 第一章　五箇条の御誓文――その成立と思想

### 一、由利公正と横井小楠

## 第二章　単なる「理想」に留まらなかった御誓文

## 第三章　五箇条の御誓文と「公議」の思想

### 一、松平春嶽と「公議」の思想

装幀——スタジオ・ファム

# 序章

# 今なぜ「五箇条の御誓文」なのか

# 五箇条の御誓文への着眼

昨年は御代替わりの年だったこともあり、一連の皇室の伝統に基づく厳粛な儀式が行われたこと、更に「令和」という元号が『万葉集』から採用されるというようなことがあり、久しぶりに多くの国民がまさにこの「日本」というものを、正面から考えることになったのではないか、との印象をもちました。

もちろん、機会あるごとに、「日本人は日本の歴史・伝統の素晴らしさにもっと気づくべきだ」と主張してきた私としても、多くの国民のこの「日本」への盛り上がりぶりに意を強くしたことはいうまでもありません。こういうと早速、根拠もない日本礼賛は排外主義を招く、などといった揶揄《やゆ》の声がどこからか聞こえてきそうですが、昨年の御代替わりを契機としたこの「日本再発見」の動きには、とても自然で、新たな日本の可能性を予感させてくれる心強いものを感じたというのが率直なところでした。

一方、視点を国の外に向ければ、最近の韓国や中国の動きには大いなる危惧《きぐ》を抱かざるを得ない一年でもありました。
「反日」というイデオロギーでしか日本を見ることができず、何と「親日清算」を国家的課題とさえ位置づけてやまない韓国の一方的で頑《かたく》なな対日姿勢。また「一党独裁」の体制がいよいよ強化され、ウイグルやチベットへの残酷な弾圧や、「監視国家」化の国内的体制確立のみならず、その全体主義的圧力を香港や台湾にも強権をもって及ぼさんとする中国の露骨な振る舞い、そして目下の新型ウイルスをめぐり指摘される独裁政権の情報隠蔽《いんぺい》体質――。冷戦終結から三十年、平和が定着し、グローバルな市場経済化が進み、民主主義や人権の尊重が基本の価値となったはずのこの国際社会で、むしろ真逆ともいうべき現実が横行しているわけです。

このようなわれわれの前にある現実をどう考えたらよいのか？

私のような学者でも専門家でもない者に、それを説明できる気の利いた解答などあるはずもありませんが、実はこう問いかけつつ、脳裏に浮かんでならなかったのが、私がこの本でテーマに据えた五箇条の御誓文だったのです。

## 求められる五箇条の御誓文への再認識

五箇条の御誓文などといっても、恐らく多くの方々は学校で歴史の時間にそんなことを教わったかな、あるいはそこに「広く会議を興し、万機公論に決すべし」といったような言葉があったかな、といった程度の認識に留まるのがほとんどでしょう。

これは明治新国家がまさに出発せんとする冒頭に当たり、天皇を中心にわが先人たちが日本が進むべき方向として確認し、誓ったものですが、短いものとはいえ、この御誓文の言葉には味わえば味わうほど、今日にも通ずる自由で民主的な、国民を一体とする豊かな精神が感じられてきて、私にはよくぞわが先人たちは今から一世紀半も前、しかも西洋列強との対峙《たいじ》という厳しい状況の下で、このような溌剌《はつらつ》たる理想と包容力に満ちあふれた文書を発出し得たものだ、との驚きを禁じ得ないのです。

もちろん、これはただの宣言、ただの政治的宣伝文書ではありませんでした。明治天皇が国民の先頭に立って、自ら天地神明に誓われた誓約でもあったからです。言葉だけの美麗さ、看板だけのただの見てくれの理想表明は、各国の歴史には掃いて捨てるほどありましょう。しかし、この五箇条の御誓文はまさに当時の公卿・諸侯全てを挙げた国家的「誓い」となり、その後の明治新国家の建設に強く、実際的な役割を果たしたのです。

つまり、私がいいたいのは、少なくともわが国民は、こうしたものがかつて日本にあったという事実を、まず認識する必要があるということです。

国民がこの日本の歴史・伝統に関心をもち始めた、という現実はまことに心強いものです。一方、近隣諸国との関係には今なお厳しいものがあることはいうまでもありません。しかし、そうした現実であればこそ、今こそわれわれはこの日本国民が保持している可能性を更に開花させるべく、日本の歴史に改めて焦点を当て、その中で、かつてわが先人たちがこの新たな国家づくりという大きな試練の中で掲げた、この「理想」の意味や意義を見直していく必要があるのではないか、と思うのです。

ただの歴史的文書ではないか、という人もおりましょう。しかし、私には、これは今日のきわめて困難な課題に直面するわれわれに、大きな解決への力と希望と方向性を与えてくれる実に今日的示唆《しさ》に富む文書だとも、思われてならないのです。

その意味で、そうした意義も意識した上で、この御誓文に視点を据え、これからの日本のあり方を考え、また世界に対しても向かい合っていきたいと思うのです。

## 五箇条の御誓文とは

少々、話を先へ急ぎすぎたかもしれません。まずその前に、肝心の五箇条の御誓文の全文を紹介しておく必要がありましょう。以下の通りです。

一、広く会議を興し、万機公論《ばんきこうろん》に決すべし
一、上下《しょうか》心を一《いつ》にして、盛に経綸《けいりん》を行ふべし
一、官武一途《かんぶいっと》庶民に至る迄、各其志を遂げ、人心をして倦《う》まざらしめん事を要す
一、旧来の陋習《ろうしゅう》を破り、天地の公道に基くべし
一、知識を世界に求め、大に皇基を振起すべし
我国未曾有《みぞう》の変革を為《なさ》んとし、朕躬《ちんみ》を以て衆に先んじ、天地神明に誓ひ、大に斯国《この》是《ぜ》を定め、万民保全の道を立んとす。衆亦此趣旨に基き協心努力せよ。

まことに一点のくもりもない堂々たる誓いといえましょう。ただ、これでは少々言葉が難解とも思われますので、まずご参考までに明治神宮の公式ホームページにある現代語訳を、以下に引用させていただきたいと思います。

一、広く人材を求めて会議を開き、大切なことはすべて公正な意見によって決めましょう。

一、身分の上下を問わず、心を一つにして積極的に国を治め整えましょう。

一、文官や武官はいうまでもなく、一般の国民もそれぞれ自分の職責を果たし、各自の志を達成できるように、人々に希望を失わせないことが肝要です。

一、これまでの悪い習慣をすてて、何ごとも普遍的な道理に基づいて行いましょう。

一、知識を世界に求めて天皇を中心とするうるわしい国柄や伝統を大切にして、大いに国を発展させましょう。

これより、わが国は未だかつてない大変革を行おうとするにあたり、私はみずから天地の神々や祖先に誓い、重大な決意のもとに国政に関するこの基本方針を定め、国民の生活を安定させる大道を確立しようとしているところです。皆さんもこの趣旨に基づいて、心を合わせて努力してください。

## 五箇条の御誓文の「理想」の若々しさ

さて、これが五箇条の御誓文です。一読されて、どんな感想をもたれたでしょうか。まずこの文言の中には、実に簡潔とはいえ、先人たちの実に若々しくて柔軟な精神が感じられてならない、というのが私の感想です。この日本が把持してきた「理想」が持つ力というべきか――。

そういうと、恐らく「抽象的」と笑われるかもしれませんが、ここには攘夷《じょうい》や開国といった幕末日本の厳しい政治的対立の過程を超え、それまでの「幕府専裁」の体制を天皇を中心とした「公議」の体制に導き、わが国民を一つにまとめ上げ、国難に対処していかんとした明治維新そのものの理想がある、というのが私のいいたいことなのです。それは現実にも国民を均《ひと》しく全体的に包摂し得た民主と寛容と平等の精神でもあり、また世界から学び、断固たる改革をいとわぬ進取の姿勢でもまたあった、ともいえましょう。

これはまさにわが国においても、国際社会においても、今はこれこそが求められている根本の精神ともいえ、この「理想の価値」にわれわれが気づきさえすれば、もっとわが国は自らの国づくりにおいても、また国際社会における諸国との関係においても、独自の「日本らしい力」を発揮し得るのではないか、とも思われてならないのです。

今は新型ウイルスの問題の陰に隠れて、香港の若者たちの動きが伝わってきません。しかし、昨年夏以来の彼らの戦いがこれからも続いていくであろうことは疑いのないことでしょう。

しかし、それを見てまず思うのは、実はそこで今も求められているのが、自由であり、民主主義であり、普通選挙の主張だということです。約一世紀半前、五箇条の御誓文は「広く会議を興し、万機公論に決すべし」「旧来の陋習を破り、天地の公道に基くべし」と宣言しました。しかし、われわれの前にはあえてこの「公議」に目を塞ぎ、「天地の公道」が今なお通じず、いわば「旧来の陋習」に凝《こ》り固まった独裁政権が未だ健在であり、人々の人間として当たり前の要求を、依然として力をもって圧殺しようとしている現実がそこにある、ということです。

## この「理想」を掲げ得たわが先人たち

そんな時、今は彼らには何の力にもなり得ませんが、私はこの五箇条の御誓文のことを考えざるを得ないのです。

約一世紀半前の日本には未だ門閥や古い体制の壁があり、誰もが自由に、また平等に発言できたわけではありませんでした。しかし、先人たちはここで列強に並び立ち得る強固な国をつくるために、御誓文にあるごとく「陋習」を破り、「公議」が基本となる国をつくることを宣言し、門戸を開き、人材を登用し、誰もが志を遂げ、失望することのないような国を目指すことを誓ったのです。また社会的立場を超え、ともに心一つとなって国を支え、盛り立てていくことを宣言もしました。むろん、積極的な改革や世界に知識を求めることを併せ確認したことも忘れてはなりません。そこには若々しく革新的で、未来に信をおくことのできる「理想の力」がありました。

そう考えれば、実際にはこの「理想」とは異なる問題もあったことは事実でしょうが、このような広大な精神に満ちた国家の理想を、その実現の努力とともにわれわれに残してくれた先人たちに、私は心から感謝の思いを表明したく思うのです。また、こんなことをいえばむしろ笑われるだけかもしれませんが、一日も早くこうした柔軟で自由で国民を一体とする理想が、中国や韓国のみならず世界の国々でも受け入れられ、共有される日のくることを思わずにはおれないのです。

少々大風呂敷を広げすぎました。しかし、今から約一世紀半前、いよいよ新たな国家建設に向かおうとするその冒頭において、まず「広く会議を興し、万機公論に決すべし」と堂々と宣言してのけた先人たちを、今私は心から誇りに思わざるを得ません。むろん、それは天皇が群臣を率い、自ら先頭に立たれ、天地神明に誓われた神聖な誓約でもありました。「創造主」から与えられた人権を高らかに謳《うた》ったアメリカの独立宣言が思想として偉大なら、私はこの五箇条の御誓文も気高く今日にもつながる豊かな精神をもち、それに劣らず偉大さをもつのではないか、と思うのです。

その理由は、これから本書で追い追い述べていくこととなりますが、ここはまずこの本書のささやかな試みに、何とかお付き合いいただけたら、と願う次第です。

# 第一章

# 五箇条の御誓文——その成立と思想

# 一、由利公正と横井小楠

## 御誓文の「溌剌さ」と「弾力性」

私の五箇条の御誓文に対する基本的な認識は、おわかりいただけたかと思います。とはいえ、この御誓文に掲げられたこの個々の文言の、更に正確で深い意味と意義を考えていこうとすれば、もっと踏み込んでこの内容を明らかにしていくことが求められると思います。

この御誓文が示さんとした思想の画期性や意義、それがその後の国づくりに果たすこととなった役割、また当時の政治にもった意味……等々を正当に理解していくためには、実はこの御誓文の原案起草者の狙いや成立に至った政治過程、更には当時の状況をも踏まえたもう少し掘り下げた解説が必要ではないか、とも思うからです。

そこで本章では、まずこの御誓文の成立過程に光を当て、そこからそれに込められた関係者たちの発想や思想に触れていくことにしたいと思うのです。

昨年暮のことです。この単行本の話が具体化し、当然、執筆プランを練る必要も出てきて、改めてこの御誓文に関わる参考文献を読み直してみる機会がありました。そんな中、戦前の憲政史家・尾佐竹猛《おさたけたけき》がその著『維新前後に於ける立憲思想』で指摘した、この精神の「潑剌《はつらつ》さ」と「弾力性」を改めて思わされる、ということがあったのです。

尾佐竹は「当局の抱負一世を覆ふの概あり」とこの御誓文について書いているのですが、しかしこの開国進取、新たな日本へ向けての社会革新の大精神は、「一世」どころか、なお一世紀半の時を隔てた今日、その色は決して褪《あ》せることがない、と私はその時、この御誓文を味わいつつ、つくづくと思わされもしたからです。

むろん、歴史はそのまま一直線には進まず、この間、わが国も成功とともに苦い経験をしたことも事実だったでしょう。しかし、その基底においては、この御誓文はこの近代日本がめざすべき「根本の方向」として、わが国を自由で創造性溢れる、心豊かな国に導いていく上での大きな「道標」たる役割を果したことは確かだと思うのです。

## 最初の原案起草者・由利公正

冒頭から結論のようなことを書いてしまいましたが、私がここで指摘したいと考えるのは、この御誓文の「広大なる精神」です。

この御誓文については、私もこれまで何度か論じ、とりわけ長州藩の木戸孝允《きどたかよし》の果たした役割について論ずる、といったことをして参りました（『憲法かく論ずべし』）。

以下でも紹介することとなりますが、越前藩の由利公正《ゆりきみまさ》と土佐藩の福岡孝弟《ふくおかたかちか》がまず起草した、維新後の「公議」政治の方針を示した原案を、明治新国家が総力を挙げてめざすべき根本の方向を示す「国是《こくぜ》の宣言」へと「換骨奪胎」し、更にその「国是」を、天皇が群臣を率いて天地神明に誓う、という形に転じさせ、今日伝わる形にしたのが、この木戸の役割に他ならなかったからです。

しかし、私はその一方、この五箇条の「広大なる精神」を、まず最初に原案に具体化したこの越前藩士・由利公正の案についてはこれまでなぜか論ずる機会をもちませんでした。尾佐竹が指摘した御誓文の「潑剌さ」と「弾力性」、更には「進取の精神」について大いに思うことはあっても、その発案者たるこの由利の案を正面から論ずる機会が、これまで残念ながらなかったのです。

とはいえ、先にも触れた最近の最低限の自由すら危うい近隣の国々の動向を考えてみるだけでも、まさに一世紀半前のこの由利の原案の意義を、今改めて論じてみることの意味は大きいと思います。誰もがこの御誓文に最初に感ずるのは、その精神の大らかさと高邁さでありましょうが、実はこの御誓文の第四条を除く他の全ての条は結局のところ由利の案に出るものであり、尾佐竹の指摘した「潑剌さ」と「弾力性」も、ほとんどこの由利の案に発するもの、というのが実際のところといってよいからです。

その思想の豊かさと闊達さ、またその柔軟性を思うとともに、この由利の原案の意義をまずここで考えてみたいと思います。

## 思想の師・横井小楠、そして橋本左内

まず、ここでは考察の対象となる由利の案を紹介してみましょう。

議事之体大意

一　庶民志を遂け人心をして倦まさらしむるを欲す

一　士民心を一にし盛に経綸を行ふを要す

一　智識を世界に求め広く皇基を振起すへし

一　貢士《こうし》期限を以て賢才に譲るへし

一　万機公論に決し私に論するなかれ

これが後に五箇条の御誓文となっていくその最初の案です。「議事之体」とは、これから始められていくべき「議事政治」（「公議」政治）のあり方、といった意味だと思いますが、由利はこの新たな政治のあるべき姿をここで示そうとしたのでしょう。

以下、この由利公正（元の名は三岡《みつおか》八郎）の案がもつ意味を論ずることとなるわけですが、実はその前に、肥後藩士・横井小楠《よこいしょうなん》という人物をまず紹介しておかなければなりません。というのは、この横井は由利のかかる案に至るまでの思想形成に最も大きな影響を与えた人物であり、以下の紹介をつぶさに見ていけば明らかとなるように、この由利案はまさに横井案といっても過言ではないほど、横井の思想の影響が顕著な案でもあったといってよいからです。

そこで横井小楠の紹介ということになるわけですが、横井は安政五年、藩主・松平春嶽《しゅんがく》の招聘《しょうへい》を受け、「賓師《ひんし》」として熊本から越前にやってくることとなった有名な儒学者です。勝海舟がこの横井を「おれは、今までに天下で恐ろしいものを二人見た。それは横井小楠と西郷隆盛だ」（『氷川清話』）と評したことは、あるいは皆様も既にご存じの話かとも思いますが、その横井に大きな思想的影響を受け、そうした影響の下、この五箇条の原案を起草したのが由利だったのです。

横井が諸国巡遊の中で最初に越前藩を訪れ、ここでの主人公たる由利ら越前藩士との初めてのつながりをもったのは実はその七年前、ペリー来航に二年先立つ嘉永四年のことでした。この時は特別の用務もない単なる旅行でしたが、その場で講義を求められるということはあったのでしょう。由利はこの時、この横井の儒学に関わる講義を初めて聞き、後に五箇条の原案にもつながることとなる自らの思想への強い影響を受けたのです。専ら「実務実益」をもって中心的な価値とする実践重視の儒学思想に他なりません。

『由利公正伝』は以下のように述べています。

「石五郎（八郎の幼名）時に十九歳（正しくは二十三歳）、また聴講者の列にあり、堯舜《ぎょうしゅん》孔子の道は国家経綸（国家を治め整えること）の学にして、当世に応用すべき実学なるを聴き、始めて読書の趣味を感じ、以後専ら実務実益を研究せんとする思想を惹起《じゃっき》せり」

ちなみに、横井のこの越前行は一旅行者としてのものでしたが、この訪問が縁となってその七年後の安政五年、先にも書きましたように、今度は藩の賓師として正式に越前藩に招聘されることとなっていくのです。

一方、この間、由利はこの横井の思想影響をベースに、藩の財政整理についての調査研究に携わり、また洋書の翻訳に基づき銃砲火薬の製造や兵法の研究などにも従事することとなっていきました。そしてその後、藩校明道館《めいどうかん》の学監・橋本左内《さない》――松平春嶽の懐刀として活躍した弱冠二十五歳、蘭学の俊秀でもありました――の招きで、由利はこの明道館に出仕することともなっていったのです。

この橋本については、橋本が十五歳の時に書いたとされる『啓発録』等で、既にご存じの方も多いかと思います。私なども青年時代、その中の「去稚心《きょちしん》」とか「振気《しんき》」といった言葉に鮮烈な印象を抱かされたことを思い出しますが、当然この橋本との出会いは、藩のあるべき革新策を議論する絶好の場ともなっていったことは間違いありません。

橋本はその時、「洋書習学所」の新設を唱え、洋学を修める必要を声を大にして唱えておりましたから、由利がこれに刺激され、強い影響を受けたであろうことも想像に難くないところです。橋本がこの後、藩主の松平春嶽を助け将軍継嗣《けいし》問題に関わり、その結果として井伊直弼《いいなおすけ》の安政の大獄に巻き込まれ、処刑されていくことはご存じの通りですが、由利の既成の固定化された観念を超え、「実務実益」を求めていこうとする思想は、この橋本からの思想影響で、いよいよ磨きがかけられることともなっていったのです。

## 実践された「富国」の積極的思想

由利が横井から影響を受けた思想を本格的に藩政に実践していくこととなったのは、横井が越前に正式に招聘されたのと同年、安政五年のことでした。

この頃、由利の念頭を去らなかったのは越前藩の財政状況だったとされます。それは「年々の支出は常に収入を超過し、貧困愈々《いよいよ》加われば愈々節倹を厳にす。是を以て生産振るわず、商業萎靡《いび》し、一国まさに破産せんとするの悲境」といった、まことに厳しいものだったとされるのです。この「悲境」を脱するには、この消極的な「節倹」策を脱し、むしろ真逆の積極的な「国産振興」に転じていく他、道はありませんでした。

一方、これと前後する四月、横井は越前藩に迎えられたのですが、実はじっくり腰を落ち着ける間もなく、八ヵ月後の同年十二月、突然「弟逝去」の報が届き、急遽熊本へ一時帰国せざるを得なくなっていったのです。

ところが、その機会を利用してこの横井に同道、九州に赴くこととなったのが由利でした。先にも触れたように、この時の由利の最大関心事は「国産振興」であり、そこで生産したものを売りさばくことのできる販路の開拓でした。ゆえに当時、とりわけ外国貿易の窓口となっていた長崎に自ら赴き、内外の貿易の状況を実地に調査し、越前藩が今後採るべき貿易と殖産興業の可能性を自ら探る必要があったのです。

むろんこの九州までの旅の途次、連日、由利が横井の話し相手となり、儒学の本質や藩経営に関わる様々な教えを受けていったことはいうまでもありません。万事に積極的でやる気満々の由利にとっては、またとない学習の場となったのです。

そして福井への帰藩後、由利はその横井の教えと旅行で知り得た国産振興、すなわち殖産興業のための具体的施策を自ら講じていくこととなったのです。

由利が直面した課題は全てが難題でしたが、最大の問題はその施策のための資金調達だったといえます。先にも触れたように、越前藩の財政状況はまさに「一国まさに破産せんとするの悲境」にあったからです。そんな中、由利が求めたのは何と「藩札」五万両を藩当局に発行させることでした。

お金がないなら藩札を発行せよ、という話ですが、これは何年か前、わが国のデフレ脱却策として雑誌などでも話題となった「政府紙幣発行論」を想い起こさせる話でもあったといえるでしょう。これは当然のことながら、横井から伝授された経済活性化策の目玉でもあったのです。その根底にあるのは、この藩札発行を前提とした殖産興業の策により、まず藩民に自発的な商品生産を促すとともに、そのための資金に不自由を覚える者には、藩より産業資金を進んで融通して援助していく、との積極経済の発想に他なりません。

藩民が積極的に生産に取り組めば、その物産の外国への輸出によって海外の正貨が得られ、発行した藩札はそれにより回収されていきます。その結果、生産に取り組んだ藩民が富むとともに国（藩）も富み、結局は「富国」が実現するという話です。

当然、この由利の殖産興業策を強力にバックアップしたのが、その後福井に帰藩することとなった横井でした。その時の論が、横井の代表的な著作とされる『国是三論』（万延元年）であるわけです。

それは「富国・強兵・士道」の三論を柱とするものでしたが、横井はこれを「一国経綸」の基礎とし、その根本は中国の古典にある堯舜の「無私の統治」の精神であるとしたのです。すなわち、「上に私なければ上は下の富を楽しみ、下の貧を憂うる仁心を注ぎ、下は上を信頼することとなり、はじめて上下一致、治平を致すを得る」というものです。

ちなみにこれは、越前藩の国是ともなっていくのですが、これを見てもわかるように、当然横井がその眼目としたところはこの「上下一致」の精神に基づく「富国」であり、更にいえば「民富めば国富む」の論といってよく、この「民富論」をこそ、横井はその王道主義的儒学思想に基づく「仁政《じんせい》」の要《かなめ》としたということです。

## 米国初代大統領ワシントンと英国の議会政治

横井はそれとともに、この『国是三論』で、知識を世界万国に取る「進取の姿勢」の必要も説きました。とりわけ横井がそこで学ぶべきモデルとして論じたのは、米国初代大統領ワシントンと英国の議会政治でした。以下はその一節です。

「墨利堅《メリケン》に於《おい》ては華盛頓《ワシントン》以来三大規模（綱領）を立て、一は天地間の惨毒《さんどく》、殺戮に超えたるはなき故、天意に則りて宇内《うだい》の戦争を息《やむ》るを以て務とし、一は智識を世界萬國に取て治教を裨益《ひえき》するを以て務とし、一は全国の大統領の権柄《けんぺい》、賢に譲て子に傳へず、君臣の義を廢して一向公共和平を以て務とし、政法治術其の他百般の技藝器機に至るまで、凡《およそ》地球上善美と稱する者は悉《ことごと》く取りて吾が有となし、大に好生の仁風を揚げ、英吉利《イギリス》に有っては政體一に民情に本づき、官の行ふ處は大小となく必ず悉く民に議《はか》り、其の便とする處に随《したが》ひて其の好まざる處を強ひず……」

すなわち、ワシントンが行った、①戦争を止《や》めること、②知識を世界万国に取ること、③大統領の権を賢に譲り、公共和平を以て務めとし、大いに「好生の仁風」を掲げることをもって務めとしたこと――の三つの取り組みを高く評価し、併せて英国では政府は大小となく国民に諮《はか》り、国民の意思が常に尊重されていることを指摘したのです。

そして、横井はこう説くとともに、もしかかる諸国が日本に開国を求めてきた場合、相変わらず日本が鎖国の旧見に留まり、それら先進の国との「交易の理」を知ることができないとすれば、それは「愚」であるとし、その理由として、諸外国を遇するのにこれを未だ昔日のごとく夷狄《いてき》視し、また禽獣《きんじゅう》のように蔑視し、ためにアヘン戦争により英国に痛めつけられ、その結果、国を衰亡に至らしめた隣国の大国・清国の例を示したのです。

恐らく横井は、その直前に咸臨丸《かんりんまる》で米国訪問を果たしていた勝海舟から直接この米国の話を聞くことがあったのでしょうが、もちろんそれ以外の当時発行されていた外国紹介の書物などからも学んだことは間違いありません。ただ、この背景となったのは、要は殖産興業にも開国貿易にも、果ては共和制度にも議会制度にも、全て「民の生を遂げしめる仁政」が実現されている、と見た横井独特の欧米認識であり、これはあくまでも「横井オリジナル」とでもいうべきものであったと私は思います。

今日から評すれば、あまりにも単純で、ただ欧米を理想視する一方的な認識といえなくもありませんが、由利はこの横井の「潑剌」として「弾力性」に満ちた論に強い影響を受けるとともに、その背中を押されもしたのです。

## かくして由利の五箇条に帰結した横井の思想

そこで話は先に引いた由利の五箇条の原案ということになります。これを以上に紹介した横井の思想と重ね合わせて見るならば、果たしてどうなるかという話です。

まず第一条「庶民志を遂け人心をして倦まさらしむるを欲す」です。

まさに以上に述べてきたこの横井の、「民を富まし」「民の生を遂げしめる」という「仁政」思想に発するもの、というのが私がここでまず指摘したいことだといえましょう。由利はこれを「治国の要道」と称しましたが、儒学の根本にある「王道政治の核心」ということでもあるわけです。

次に第二条の「士民心を一にし盛に経綸を行ふを要す」です。

これは、同じく横井が示した藩を挙げて「殖産興業」を進めるべし、とした経済思想に他なりません。由利は「経綸の術は、業を起こすにあり」といいましたが、要は横井にとって「経綸」とは、こうした積極的な経済活動そのものの意でもあったのです。当時の武士にとり、経済を論ずるなどということはむしろ白眼視されかねないことだったとも思うのですが、しかしそんな中、由利はこの横井の経済思想に逆に最も大きな影響を受け、このような発想をもつに至ったといえましょう。

そして第三条の「智識を世界に求め廣く皇基を振起すへし」です。

これは先にも紹介した横井のワシントンを論じた文章、すなわち「智識を世界萬国に取て治教を裨益する」の中にそのまま見られる言葉ともいえますが、「横井思想そのもの」といっても過言ではない言葉といえます。もちろん、これは横井のみならず、かの橋本左内が当時先進的に説いた「開国の思想」につながるものでもあったことは、いうまでもないことです。

加えて第四条の「貢士期限を以て賢才に譲るへし」です。

これもまた横井に発するものだということができましょうが、これは先の横井の指摘にもあるごとく、アメリカ大統領が期限をもって後進に道を譲るべく、それを「選挙」をもって行う制度にヒントを得たものといってもよいと思います。

ここで「貢士」とは、藩より新政府に差し出された「議事（公議）の制」に参画する議員をいいますが、かかる公的な人材は終身や世襲の身分であってはならず、それには「期限制」を設けるべし、と横井は——恐らく勝の話の影響もあって——説いたのです。

そして最後は、第五条の「万機公論に決し私に論するなかれ」です。

これには「議会思想」を唱えた坂本龍馬《さかもとりょうま》の影響があるというのが専らの説ですが、むろん影響は坂本に限られません。実は坂本はそもそもこの「公議の思想」を、松平春嶽や橋本左内や横井、更には彼らと親密な交流のあった幕府方の勝海舟や大久保一翁に学んだともいうべきで、そうした独特の思想人脈を考えれば、むしろこの第五条は何よりも、そうした思想サークルの中心をなしていた越前藩の「公議の思想」の結晶でもある、といってもよいのではないかと私は思うからです。

ちなみに横井が、松平春嶽が幕府の政事総裁職に就任した際、彼に献じた「国是七条」には「大いに言路を開き、天下と公共の政をなす」とあるのも注目されます。これと「万機公論に決し私に論するなかれ」は表裏の関係ともいってよいからです。

もちろん、この坂本が暗殺される直前、わざわざ越前藩に赴き、由利に大政奉還《たいせいほうかん》後の新政府の財政担当に就任するよう求めた話は、最近も坂本の書翰《しょかん》発見で話題となり、坂本がどれほど由利を高く評価していたかを想像させるものだともいえます。そこでは当然、新設される「公議」の体制のあり方もまた、話し合われたであろうことは論を俟《ま》ちません。とすれば、この「万機公論に決し」は坂本の影響によるものとすること自体は、大いに理のあるところで、この点は坂本の影響を指摘することも正しいとはいえましょう。

いずれにしても、ここで改めて詳細を論ずる余裕はありませんが、維新は「尊皇《そんのう》攘夷《じょうい》思想」のもたらしたものとされるのが一般的ですが、同時にこのように、まさに越前藩を中心的な発信源として形成された「公議の思想」によるものでもあったことを、私としてはここで指摘したいのです。

## 二、由利案から福岡の「会盟」案へ

### 「まず新政府の大義を明らかにすべし」

以上が、由利がこの五箇条に込めようとした趣旨だった、というのが筆者がここでいいたいことですが、要はここでその骨格ともいうべき役割を果たしたのが、横井の「儒教的開明思想」だった、ということでもあります。由利自身も、実は横井の『国是三論』などに教えられて、この「議事之体大意」を書いた、と自ら証言してもおります（金子堅太郎『憲法制定と欧米人の評論』）。

ならば由利は、どのような経緯から、この五箇条を書くこととなったのでしょうか。それを次に見ていきたいと思います。


発端は鳥羽伏見戦争の直後になります。そこに至る詳細の経緯は第三章に譲りますが、当時、討幕派がこの勝利により、俄然優位に転じたことはご存じの通りです。そこで薩摩と長州はこの機を失することなく、慶喜《よしのぶ》追討の軍を引き続き江戸に向けて進発させていくことを主張していったわけですが、しかしこれを彼らの「私闘」視し、当面の「模様眺め」を決め込む藩が少なくなかったのも、この時の偽らざる現実でありました。

「私闘の様相成りては相済まされず」と西郷隆盛も心配しましたが、慶喜追討はこの二藩による「徳川への私怨」に発するものにすぎない、と彼らはその時新政府に一定の距離を置こうとしていたのです。しかし、それをそのままにしていたのでは王政復古の大義は成り立ちません。かかる事態を避けるためには、まさに「官軍」の名に恥ずることのない「挙国の体制」づくりが不可避となったのです。

そうした中、これぞ好機と、再びこうした薩長主導の状況に対する巻き返しに転じたのが、越前藩や土佐藩という公議政体派でした。彼らは徳川慶喜への大政奉還の建白以来、奉還後のまず第一の課題として「諸侯会議」の開催を主張しておりましたが、先が見えない中での各藩の模様眺めもあり、なかなかその主張は実現に至らなかったのです。こうしたいわば出番を失いかけた状況の中で、今こそこの「諸侯会議」こそが、彼らが主張してきた「挙国体制」実現の具体的な切り札になる、と改めて主張したのがこの越前藩や土佐藩たちの公議政体派だったといえます。

それを示すのが、以下の『由利公正伝』です。時は明治元年（慶応四年）一月、由利はこの時、先にも少々触れたように、福井を訪れた坂本龍馬の推薦で、越前藩から新政府の財政担当の参与に召し出されていたのですが、まさに鳥羽伏見戦争の勝利を受け、慶喜追討の軍がいよいよ発されようとしているその時、そのための資金調達と今後の政府がとるべき方針に関し、以下のようなやりとりが新政府内でなされたというのです。

「寄金参百万両の調達の議已《すで》に決す。尋《つ》いで朝政に関し名義方針の事を議せんとす。八郎（由利）進んで曰く、宜《よろし》く先づ大義を明にし方針を示すべし。否《しか》らずんば天下嚮《むか》ふ所を知らんと。岩倉公即答する能はず。一座黙然たり」

ここにもあるように、由利はこの東征に関わる資金の問題に続き、朝政に関する「名義方針」、さらにいえば「大義」を明らかにする必要を主張し、それを岩倉具視《いわくらともみ》に問うたのです。しかし、この問いに対する解答は得られませんでした。

そこで、もしそれを自分が起草せよ、と命じられた場合、自分なら果たしてこの「大義」をどう考えるべきかを考え、その夜、岡崎に当時あった由利の宿舎に帰ってから独座沈思、そこで浮かんだ「所感五条目」を懐紙に記した、というのです。そこで成ったのがすなわち「議事之体大意」――めざすべき「議事政治」のあり方――であり、それが以上に見てきた由利の五箇条の原案とされるわけです。

由利はこれを同室の越前藩の同僚、村田氏寿《うじひさ》と毛受洪《めんじゅひろし》に見せ、その後、親しかった土佐藩の福岡孝弟にも会う機会があったので、この福岡にも見せたといいます。そこで福岡に、それを修正の上、自分に代わって岩倉に建議してくれるよう頼んだというのです。由利はこの時、財政問題担当で忙しく、それを自ら行う時間がなかったのでした。

## 由利案を「諸侯会議の盟約書」に改めた福岡孝弟

残されている史料によれば、福岡はそれを修正します。以下のごとくです。

会盟
一　列侯会議を興し、万機公論に決すべし
一　官武一途、庶民に至る迄、各その志を遂げ、人心をして倦まざらしむるを欲す
一　上下心を一にして、盛んに経綸を行ふべし
一　知識を世界に求め、大いに皇基を振起すべし
一、徴士期限を以て賢才に譲るべし

福岡はまずこの由利の案「議事之体大意」という題を「会盟」と改めます。先にも

書いたように由利の案が「議事政治の綱領」といった漠然とした趣旨のものであったのを、「諸侯会議の盟約書」という具体的な目標ともなるものに改めたわけです。諸侯会議（列侯会議）を開くべしというのが、この時、この主張をもって新政府内での薩長討幕派の優位に対抗しようとしていた土佐藩の藩論でしたが、福岡は由利の案を早速この土佐藩の主張の趣旨に沿うものに改めたわけです。「会盟」とありますから、この諸侯会議に集まることとなる諸侯たちによる「盟約」の具体的箇条という趣旨でしょう。

と同時に、福岡は由利の第五条をそうした政治的目的を踏まえた「列侯会議を興し、万機公論に決すべし」と改め、更にそれを先頭にもってきたのです。つまり、「諸侯会議の開催」という土佐藩の要求がこれでより明確となり、その趣旨もより政治的な積極性を帯びることとなったことはいうまでもありません。

と同時に、二条と三条の順番を入れ替え、由利案で「庶民志を遂け」とあるのを「官武一途、庶民に至る迄」（「官武」とは公家と武士）と改め、更に「士民」（武士と庶民）を「上下」に改めました。些細な修正ではありますが、福岡がいうところによれば、まだ「庶民」をことさら前面に出す時代ではあるまい、との認識からだったといいます。

とはいえ、これにより、この五箇条はこの「諸侯会議」という目下の政治課題に直結する具体的なものとなったことは事実としても、同時に由利案が本来もっていた横井小楠の思想に由来する「広大さ」が後景に退くこととなった事実は否めません。「庶民」に視点を据え、皆が話し合い、その力を出し合って共に「富国」の国づくりをしていく、とした由利や横井の大らかな発想が後景に退き、「庶民」ではなく「列侯」、つまり「諸侯」を主体とする「盟約書」、という目前の政治課題に直結するものに転換されてしまったことは否めないからです。

## 実際に実現の動きがあった「諸侯会議」

ちなみに付言しておくと、大久保利謙氏の論文「五ヶ条の誓文に関する一考察」は、この福岡の会盟構想がその実現の直前まで進められていたことを、当時の記録をもって示すものだといえます。

それは当時、江戸で刊行された『中外新聞外篇』巻の八にある記述だとされますが、それには「京師《けいし》会盟の式」とあり、例えば「上の議事所に於て皇帝陛下臨御、列侯会同、三職（総裁、議定、参与）出座、衣冠如例、座配《ざくばり》議事式の如くす、但下の参与の者末席に列座す」とか、「総裁職盟約書を捧げて読之、列侯拝聴座に就く」等々、この式の形と具体的な次第まで示す記述がそこには見られるというのです。

むろん、ここにある「盟約書」が、この福岡の五箇条であったことはいうまでもありません。とすれば、この「京師会盟の式」は諸般の情勢からむしろ流産になった可能性が高いと大久保氏は推測するのですが、福岡の修正はその意味では、この「会盟の式」を念頭に置いてなされたものとも考えられるかもしれません。

とはいえ、この諸侯会議の開催は当時の政治状況も影響したのでしょう。実際は恐らく立ち消えとなり、この案は「お蔵入り」となります。由利はもちろん、福岡もまたこの案のことをすっかり忘れてしまう、という結果となったのです。

しかし、面白いことにその一ヵ月後、この五箇条に改めて違うところから光が当てられ、この一旦忘れられた五箇条は再び浮上していくこととなったのです。新政府が解決を迫られていた事態や新たに生起することとなった外交問題等を踏まえ、ここで国家として今後目指すべき「国是」を明らかにすべきではないか、との議論が起こったからです。

ただ、これは新たな政治段階への転換でもあり、この五箇条は新たな意味をもつものともなった、といってよい事態でした。ここで新たに登場してくるのが木戸孝允ですが、木戸はこの由利と福岡が起草した五箇条を、その新たな政治状況を踏まえ、それまでとは全く異なる位置づけのものへと変えることとなったのです。

## 三、木戸孝允の登場と「国是」の誓約

### 「国是」を示す「新たな五箇条」へ

さて、これまで紹介してきたのは、由利公正の最初の五箇条が当初の「議事政治の基本方針」といったものから、諸侯会議を想定した「盟約書」といったものへと転じ

られていったその経緯でした。そもそもは越前藩や土佐藩主導の「公議政体」確立を求める政治的な動きを背景として起草されたものだった、という話に他なりません。

ところが、その当初の五箇条がここで本書が論ずる「五箇条の御誓文」というようなな、天皇が群臣を率いて神明に誓われる「国是」というものに変ずることとなったのです。初めは単なる「議事政治の基本方針」というほどのものであったのが、天皇が中心となって神に誓われる「国家の根本方針」へと変わった、という話だといえましょう。

ただ、ここで確認したいのは、以上の由利や福岡が起草した五箇条がそのベースとなったことはその通りとしても、それがそのまま一直線に、この五箇条の御誓文に変じていったわけではないということです。

事実からいえば、以下に示すように、最初からこの案が意識されていたわけではありませんでした。実際は当時の新政府が直面していた新たな状況を踏まえ、まず国民に新国家の方向を示す「国是」の発布が必要ではないかとの建言が行われ、ならばそれを出すとして、その中身はどうするのかという話となり、その時この既に形となっていた五箇条の存在が関係者から改めて伝えられることとなり、それを素材にして作成し直す——という展開になっていった、ということなのです。
つまり、ここで再び蔵から引っ張り出されることとなったのが、この福岡案でした。
福岡の回想にはこうあります。

「私と由利とが、箇条の草案をつくって居ると木戸に知らしたのは、まったく後藤（象二郎《しょうじろう》）であったと思っている。……ともかく『これじゃ』というて出した。すると『これは、もうしぶんがない、こういうものがあったか』、たしか、こういう言いようで、『それならば一つやろうじゃないか』と言われただけで、それからあとは、どうであったか覚えにない」

「国是之確立する所を天下之衆庶に示され度く」

むろん、この転換を主導したのが長州藩討幕派の代表たる木戸孝允でした。
木戸は慶応四年二月、新政府の一員に新たに加わることとなったのですが、その中で維新の方針がなかなか各藩に徹底せず、各藩がそのめざす方向を未だに異にしてバラバラであること、また新政府が「開国」に方針を決したにもかかわらず、まだ草莽《そうもう》の士たちの「攘夷」の行動が後を絶たないこと……等々を真剣に憂慮することとなっておりました。そこでこれを遺憾とし、「国家之不幸容易ならず」とその思いを建白書に記し、新政府に断然たる対処に出るべきことを求めたのです。

とりわけ木戸が憂慮したのが外国人に対する「攘夷」の事件でした。既に開港となっていた神戸の港で、そこを警備していた岡山藩兵が、イギリス、フランス、アメリカなどの軍隊と衝突し、神戸の外国人居留地が軍事占領されるという「神戸事件」、あるいは堺を警備していた土佐藩兵と、フランス兵が衝突した「堺事件」、更には宮中に参内《さんだい》しようとしたイギリス領事パークスを暴徒が襲うという事件が次々と起こっていたからです。

こんな不祥事が続けば、列強の干渉すら招きかねません。それにはまず、何としても武士たちの間に依然としてある「攘夷熱」を冷まさなければならない。ことは新政府の基盤にも関わる、というのが木戸の認識でした。

そんな切迫した厳しい状況の中で、木戸は三月上旬、その思いを書いたこの建白書を草し、結論として以下のように提案したのです。

「仰ぎ願はくは、前途の大方向を定められ、至尊（天皇）親しく公卿、諸侯、及百官を率ひ、神明に誓わせられ、明に国是之確立する所をして、速に天下之衆庶に示され度く、至願に堪えず」

ここに初めて「国是」という言葉が出てきますが、実はこの頃、慶喜追討軍もまた新たな段階を迎えていたこともここでは付け加えておくべきでしょう。

薩摩・長州を中心とした慶喜追討軍は一月の進発以降、一瀉千里《いっしゃせんり》の勢いで軍を進め、三月には早くも江戸城総攻撃をにらみ得る態勢さえ構築するに至っておりました。江戸城開城が決まったのが御誓文発布と同日の三月十四日ですから、まさに江戸に迫っていた追討軍も、その最終段階という緊迫した状況を迎えていたのです。

## 天皇による「国是の誓約」という形

こうした状況が、五箇条の御誓文の発出に当たっての出発点となりました。木戸も後に以下のように書いています。

「依て速《すみや》に朝廷の規模（構想）を示し、天下の侯伯（諸侯）と誓い、億兆の向う所を知らしめ、藩主をして其責に任せんと欲し、切に之を上言し朝議遂に斯《ここ》に決し、五条を撰《えらび》て之を掲て大礼を布き、同三月天子親《みずか》ら公卿郡百の侯伯並に在官のものと誓う……之を以て根本の規定となし天下の方向を定む」

その意味で、ここで改めて指摘されるべきは、これはあくまでも「国是」の確立であって「議事政治の綱領」でも「諸侯の盟約」でもなく、また前頁にあるように「至尊親しく公卿、諸侯、及百官を率ひ、神明に誓わせられ」るものであって、「諸侯」が集まってきて天皇の前で誓いを立てる「会盟」というものでもなかった、という事実です。

つまり、木戸は由利・福岡が公議政体派の立場から起草した最初の五箇条をこの御誓文のベースとしたことは事実としても、それを実際に発布された「五箇条の御誓文」へと転換するに当たっては、その趣旨を根本から改め、要は諸侯会議を第一目的とした当初の五箇条とは全く異なる目的と発想の文書に作り変えた、ということなのです。

とすれば、何よりもまずこの御誓文は、諸侯による「盟約」ではなく、まさに天皇が「公卿、諸侯、及百官を率ひ、神明に誓わせられ」る「国是」、つまり「天下の方向」を示すものとして位置づけ直された、という事実が注目されるべきでしょう。主体は「諸侯」ではなく「天皇」であり、更にいえば「諸侯会議」も「会盟」も、ここでは全く姿を消しているという事実です。また、誓約は誓約でも、御誓文は天皇御自らによる「天地神明」へのそれとなったのです。

実は福岡の五箇条に対しては、公卿の間から強い反発が出たという事実もそこにはあったようです。まず「列侯会議」では、諸侯ではない公卿は排除されるのか、との当然の疑問が提起されたというのですが、と同時に王政復古は天皇を中心とするものであるはずなのに、その天皇の前で諸侯が集まってきて天皇と誓いを立てる、というのは日本の「国体」になじまない「中国風の覇道」ではないか、との指摘が出されたというのです。

つまり、一言にしていえば、「諸侯を主体とする誓い」というものへの反発といえましょうが、そうした公家ならではの強い反対の声もあり、この御誓文はこうした公議政体派の「諸侯会議」の発想から脱し、むしろ「天皇中心」の「朕躬《み》を以て衆に先んじ、天地神明に誓ひ、大に斯国是を定め、万民保全の道を立んとす」との、わが国の国体にふさわしいあり方を踏まえたものへと修正された、ということでもあるのです。

## 「五箇条の御誓文」への最終的な文言の再修正

ここで再び、この福岡案に手が入れられたことはいうまでもありません。

そして結果からいえば、五箇条における由利案の思想が再び息を吹き返すことともなっていったのです。それが第一条の「広く会議を興し、万機公論に決すべし」であり、福岡案の第五条「徴士期限を以て賢才に譲るべし」を削除し、第四条にそれと入れ替えに新たに挿入されることとなった「旧来の陋習を破り、天地の公道に基くべし」でした。

前者ではもはや「諸侯会議」などという発想自体が乗り越えられ、むしろ「広く」公議公論を求める最初の由利の趣旨が再浮上したといってもよいでしょう。これがその後、自由民権運動の国会開設の主張等にも援用されていくことについては次章でも触れますが、一方後者は、木戸孝允の提案による新たな「開国和親」方針の挿入となり、これは横井が『国是三論』で示した開国精神につながるものともなったということです。

ちなみにいえば、前出の尾佐竹は以上の経緯を踏まえ、この第四条の「天地の公道」（当初の案では「宇内の公義」）は、広い普遍的な条理とか正義を指すというより、むしろ「開国和親の対外関係」といった、もっと狭義なものと考えるのがよく、要は「万国公法――国際法」の意味に他ならないとし、また同時に「旧来の陋習を破り」

は、御誓文公布当時の「攘夷思想の否認」を意図するもの、ともしています。
ただ、いかに大家《たいか》の解釈とはいえ、私にはこれでは狭すぎるという思いも禁じがたく、個人的には「天地の公道」は国際社会のありようも踏まえた「普遍的な道理」、「旧来の陋習」は「古く過った頑なな習慣」といった、もっと一般的な意味で解釈してもよいのではないか、と個人的には思っているのが実際のところです。

更にいっておけば、実は木戸は次章でも触れるように、以上に紹介した提案とともに、「版籍奉還」の建議もまた同時に並行して行っています。そこには「七百年来之積弊ヲ一変シ」との言葉が出てきますが、この木戸の構想からは、加えて後に出てくる版籍奉還や廃藩置県も含む藩制の廃止・中央集権体制の確立まで、この時点で早くも視野に入れられていたとも考えられるのです。

御誓文のめざすところを実現していこうとすれば、当然各藩バラバラなままでの体制ではそれはできません。まさに一つとなり一体となった国家体制が必要であるわけです。驚くばかりの先見性ともいえますが、つまり彼らは当時の自らが直面した目下の国家の現実のみならず、更にその先の課題をもまたこの時、早くも見据えていたともいえましょう。

由利案にある横井小楠の思想を背景とした先進性と斬新性《ざんしんせい》、福岡案にある土佐公議政体派ならではの公議思想——。そのいずれも画期的なものであったことはいうまでもありません。しかし、この木戸案で示された「国体」の思想、そしてそれに基づくこの彼の統一国家思想とでもいうべきものがここに加わることがなければ、果たしてこの新国家は国民の統合を保ち続け、御誓文は今日なお仰がれるような強力な国家的影響をもち得たか。私たちはここで同時に問い直してみる必要もあるのではないか、と思うわけです。

## 見落とされてはならない「勅旨」の部分

そしてそう考えれば、ここでは更にこの御誓文の五箇条だけでなく、その後に続く「勅旨」の部分、すなわち「我国未曾《みぞう》有の変革を為《なさ》んとし」云々の一節もまた、同時に注目されなければならない、というのが私の認識でもあります。

遺憾ながら、この部分はこれまで、単なる五箇条の「添え書き」程度の認識でそのまま読み過ごされてきたのが現実でした。しかし、ここには天皇を新たに国家の中に位置づけたともいうべき、その前の五箇条に劣らぬ画期的で重要な思想が表明されている、というのが私の認識なのです。改めて引用してみましょう。

「我国未曾有の変革を為んとし、朕躬《ちんみ》を以て衆に先んじ、天地神明《しんめい》に誓ひ、大に斯の国是を定め、万民保全の道を立んとす。衆亦、此の旨趣に基き協心努力せよ」

前の五箇条を貫く思想を、私もこれまで繰り返し指摘してきた「公議」や「国是」に関わる思想とあえて一括すれば、これに続くこの明治天皇がそれに関わる自らの決意を示されたこの「勅旨」の部分は、いってみればその前提をなす「国体」(天皇を中心とした国家のあり方)の思想が表明された部分ともいうことができると思うのです。

他の誰でもない、天皇御自らがこの五箇条を天地神明に誓い、実践していくことを表明され、国民の「協心努力」を積極的に求められる、というメッセージに他ならないからです。

実はこうした「公議」と「国体」という二つの要素が両々相まってこそ、この五箇条の御誓文は新国家の向かうべき方向を示す実効性ある大宣言となり、その後の国家建設に対する不動の「道標」ともなることとなった、と私は考えるわけです。

つまり、「公議」の思想なしに近代日本の発展も成功もなく、一方「国体」の思想と天皇による「神聖な誓い」というもう一つの要素なしに、明治国家の国家としての統合も独立も、あるいは発展もまたなかった、といってよいのではないでしょうか。

それと同時に、若き明治天皇が自らの決意を示された「御宸翰《しんかん》」（正式には「国威宣揚の御宸翰」）がこの勅旨を敷衍《ふえん》するものとして、別に発表されているというあまり一般には知られていない重要な事実にも注目すべきです。

実は御誓文発布当時、関係者には五箇条の文言だけでは抽象的で、趣旨も理解しがたく、なかなか徹底もしがたいであろう、との認識も一方ではもたれていたらしく、そのためにこの御誓文発布に併せて同日に発せられたのが、この「御宸翰」だったとされるのです。もっと庶民にもわかりやすく、この御誓文に込められた明治天皇のお気持ちを、もっと直接的な天皇御自身のお言葉で伝える必要があろう、との目的からのお言葉だったのでしょう。

しかし、この「御宸翰」は以下に見るように、むしろ当時の先人たちの天皇への期待に対する「応答」のお言葉でもあったように私には思われてならないのです。その期待は身をもって国民の先頭に立たれ、国民とともに新たな日本を建設されていく天皇への期待、ともいってよいものですが、更にいえば、それはこの日本を肇国《ちょうこく》された初代・神武天皇に仮託された彼らの期待の天皇像といったものと、まさに一体のものでもあったのではないか、という推測に他なりません。

とすれば、まずそれを明らかにしてから、この「御宸翰」を拝した方がよいのではないか。これが私がここで抱く感想でもあるわけです。

もちろん、これは私の個人的な推測以上のものではなく、また少々遠回りとなる話ともいえましょう。とはいえ、これは先の天皇の「勅旨」とこの「御宸翰」の両者を一貫する精神でもある、というのがここでの私の認識でもあるのです。とすれば、それを明らかにするためにも、まずこの神武天皇に関わる維新当時の関係者たちの思想や考え方に改めて光を当て、この「御宸翰」の意味に迫ってみることには大きな意味があるのではないか、というのが私の思いでもあるわけです。

# 四、御誓文の背景をなす神武天皇像

## 明治新国家の出発と「神武天皇への思い」

そこでしばらく、話が神武天皇を主題としたものになることをお許しください。御誓文を、天皇による神明への誓いという最終的な形に位置づけし直したのは、木戸孝允だったことは以上に書いたところです。

しかして、その木戸をして御誓文に、「朕躬を以て衆に先んじ、天地神明に誓い、大に斯の国是を定め、万民保全の道を立んとす」と、このような天皇のお言葉を付加せしめ、更にはその趣旨を敷衍されるべく「御宸翰」を併せて発するという道を取らせたのは、実は王政復古の大号令の「神武創業の始《はじめ》に原《もとづ》き」に示された神武天皇のご創業のイメージだったのではないか、というのが私のささやかな推測です。

王政復古はまさしく本来あるべき「王政」への「復古」でありましたが、その復古されるべき本来の「王政」とは、単なる鎌倉幕府以前の「摂関政治」ではありませんでした。そうではなく、それ以前の、まさに神武天皇が自らこの国の歩みを始められたその時の国の形、すなわち以後の歴史の「汚習」を全て洗い去った「純粋の始原」そのものがそこではイメージされたといえるのです。それが「神武創業の始に原き」との王政復古の大号令の言葉でもありました。とすれば、そこに求められる天皇は、その後の摂関支配や幕府支配の下、ただ「九重《ここのえ》の奥深く安居する」天皇であってはなりませんでした。

つまり、この「勅旨」の部分の起草の過程で木戸が考えたのは、この国家創業を自らなし遂げられた神武天皇の能動的で積極的なお姿であり、その神武天皇の偉大なご創業の精神を、ここで再現せんとする抜本的な構想であったと思うのです。

前記したように根底的な改革であればあるほど、逆に守旧勢力による抵抗は熾烈《しれつ》となります。その抵抗を排し、まさに御誓文にあるごとき「未曾有の変革」を実現していくためには、一切のしがらみや馴れ合いを断ち、全てを一から「創始」された神武天皇のような力強いリーダーシップと精神が、ここでも求められたといえましょう。

これまでの伝統的な天皇像の「革新」といったらよいでしょうか。

通説によれば、この「神武創業の始に原き」という言葉の起案者となったのは岩倉具視のブレーンであった国学者・玉松操《たままつみさお》だとされます。確かに、事実としては恐らくそうだったに違いありません。

ただ、私がここであえて指摘したいのは、これは単に玉松の個人的思想に留まるものではなかったということです。以下に示すように、王政復古は国家の存立そのものが問われる未曾有の危機の中での、困難きわまりない挑戦でありましたが、かかる闘いの中、実は当時の心ある人々全ての中で等しく共有されていたのは、これと同じ苦難の中、群臣を率い、長い東征の道のりの先頭に立ち、次々と立ちはだかる艱難を乗り越え、橿原での建国を実現していかれた神武天皇のお姿そのものであった、と考えるからです。

一般社会でもそうでありますように、例えば自らの会社に何かが起これば、多分誰もがその打開のために想起するのは、これまで会社を今日の形に導いた創業者の姿であり、その創業の精神であるはずです。つまり、その創業の「始め」を想起し、そこから改めて革新の力を得ることにより、この危機打開のための糸口をそこに見出そうとするということです。それがまさに、この変革の時に当たっては神武天皇のお姿であり、その「創業」のご精神であったのです。

以下、その意味で、少々回り道とはなりますが、この神武天皇像に改めて焦点を当ててみることにしたいと思うのです。ここで主に参考とするのは武田秀章氏の『維新期天皇祭祀の研究』ですが、以上にも指摘したように、維新の先人たちによるかかる神武天皇像の共有あればこそ、王政復古の大号令における「神武創業の始に原き」という発想が生まれ、更には五箇条の御誓文の「朕躬を以て衆に先じ」という天皇像もまた発想されていったのではないか、と私は考えるからです。

## 孝明天皇の「国難打開」の祈り

王政復古の大号令の冒頭部分には、以下のような一節があります。

「抑《そもそも》癸丑《きちゅう》以来未曽有の国難、先帝頻年宸襟《ひんねんしんきん》を悩《なやま》され候次第、衆庶の知る所に候」

むろん、ここで指摘されているのは、ペリー来航後の国家危機に当たっての孝明《こうめい》天皇の深きご苦悩です。この未曾有の「国難」を前に、孝明天皇は祖宗《そそう》からの「天位」を践《ふ》み、更に国土・万民を慈しむべき「天職」を継ぐこの国の君主として、この「国体」を脅かす強大な力を前にされ、まさにその前に身をもって立ち塞がり、それを守り抜く並々ならぬご決意を、ここで心に深く抱かれたと拝されるのです。

そして、そのご実践としてまずなされたのは、神々の「加護」を乞うことに他なりませんでした。以下はそのご覚悟を示された孝明天皇の御製《ぎょせい》です。

澄ましえぬ水にわが身は沈むとも　濁しはせじなよろづ国民

孝明天皇は伊勢の神宮はじめ神々に日夜ひたすら祈りを捧げられましたが、とりわけ伊勢、賀茂、石清水へ幣使を発せられた際は七昼夜飲食を絶たれた、と記録にはあるといいます。また、そのことを心配した廷臣に対しては、「今日に至るまで国体厳然、然るに朕世に当たりて始めて之を辱《はずか》しむ。何の面目か祖宗に対せん。身を顧みる遑《いとま》あらず」とまで仰せになられた、との記録もまた残されているというのです。

かかる孝明天皇の大御心を伝え聞いた吉田松陰は、嘉永六年、江戸から長崎へ向かう途次、京都に立ち至り、御所を拝し次のように歌いました。

「聞くならく、今上、聖明の徳／敬天、憐民《れんみん》、至誠より発したまふ／鶏鳴《けいめい》すなはち起きて親ら斎戒《さいかい》し／妖氛《ようふん》を掃《はら》つて太平を致すを祈りたまふ／従来、英皇、不世出／……何の日か重ねて天日《てんじつ》の明を拝せん」

この孝明天皇へのひたすらなる思いこそが、それ以降、ひとり松陰のみならず、国民各層の膨大な「尊皇」意識を喚起し、この後の運動展開への大なる源泉となっていったことはいうまでもありません。

## 神武天皇陵修復と祭祀の再興

しかして、このような中、孝明天皇のこの国を思う大御心はいよいよ強固に、ついには橿原《かしはら》の初代神武天皇陵、及び歴代天皇陵のご修復とその祭祀の再興を、幕府に対し仰せ出されるほどに高められるに至っていきました。この有史以来の未曾有の危機を乗り越えるためには、神武天皇はじめ歴代天皇のご神霊を、まさに「国家之御祈禱」として祀り、そのご加護を乞わねばならない、とご宸念《しんねん》遊ばされたのです。

詳細は武田氏の著書に譲る他ありませんが、私が推測するに、そうした中で孝明天皇はとりわけ初代神武天皇のお姿に深く思いを致されたに違いない、ということです。というのも、この時代、皇室の祖先祭祀は泉涌寺《せんにゅうじ》を菩提寺とする仏式に変じ、国家創始者たる初代神武天皇や祖神たる天照大神とはほとんど脈絡のないものとなり、それにともない神武天皇陵はじめ歴代天皇の山陵は惨たる荒廃のままに任される状況にあった、というのが現実でした。孝明天皇はここで、このような当時の祖先祭祀の現状の根本的な変革をもまた志されたといえるのです。

一方、この孝明天皇の御心に応え、藩論をもって神武天皇陵の修復を担うことを願い出たのが宇都宮藩家老・戸田忠至《とだただゆき》でした。文久二年八月、幕府はこの申し出を受け、藩主・戸田忠恕《ただくみ》に対し山陵普請の実行を命じます。武田氏の指摘にもあるように、当時、公武合体の強化を模索していた幕府にとっても、それは幕府が行うべき「叡慮遵奉」そのものであり、願ってもないことであったのです。それは再度「朝幕一和」を実現し、国民各層に忠孝の志を植えしめ、再び安定した国民統合を回復していく契機ともなし得る、またとないチャンスでもあると考えられたわけです。

神武天皇陵の修復が実際に始まったのは翌三年の二月でしたが、御陵に派遣された勅使の下、まず修陵開始奉告祭典が行われ、更にその一ヵ月後、再び勅使の下、攘夷祈願祭典が斎行されました。また、これに前後して、京都では初めて賀茂社と石清水社に対する孝明天皇の攘夷祈願の行幸も行われることとなりました。

この賀茂社行幸に当たっては、上洛していた将軍家茂《いえもち》がこれにお供をしたことは広く知られるところです。いずれにしても、このような中、神武天皇陵はまさに身をもって日向《ひゅうが》から大和への東征の先頭に立たれた神武天皇に対する「追孝《ついこう》」（孝の心を表す）の場、そして更にそれを受けて国家の安泰を祈願する新たな「国家祭祀」の場として、ここに明確に位置づけられることとなっていったわけです。

## 攘夷派による「攘夷の親征」への企図

しかし、皮肉なことながら、この孝明天皇の神武天皇への思いは、その意図を超えた急進の動きをもまた導き出すこととなりました。変革とは往々にしてそのようなものでもあるわけですが、孝明天皇が攘夷祈願の先頭に立たれるということは、更にそのレベルを超え、それまで「武門の統領」として幕府が有していた「兵馬《へいば》の権」をもまた、天皇の下へ回収するのが本来の形、との主張も同時に呼び起こしたからです。

武田氏は指摘します。

「神武天皇陵修補とその祭典創出は、皇祖神を奉斎する神宮との関連において、尊攘派の間に以下のような変革のビジョンを喚起しはじめた。すなわちそれは、大和・伊勢に行幸、神武天皇陵・神宮を親拝して国家統治の究極的正統性を体現した天皇が、天照大神の遺訓と神武天皇の創業を規範としつつ、『親征』に出発、旧体制の変革と新国家の建設（創業）に向けて群臣を導いてゆくという急進的な変革構想である」

これを先導したのが、三条実美《さねとみ》をはじめとする朝廷内尊攘派、桂小五郎《かつらこごろう》を首領とする長州尊攘派、真木和泉《まきいずみ》に代表される草莽《そうもう》浪士尊攘派等の一団でした。この神武天皇陵の修補とその前での祭典を、天皇の行幸による「攘夷の国家的祭典」とするとともに、更にそれを超え、これを伊勢の神宮への行幸・ご親拝へとつなげ、そこからこの行幸を、あわよくば王政復古に向けた「親征」へと転じていこうとしたのです。

当然、そこには記紀の「神武東征伝承」に基づく「軍事統帥者」としての天皇像がありました。本来の天皇はかかる存在であるべきにもかかわらず、中世以降、歴代天皇はその大権を武門に委ね、その結果、国の勢いは神武創業の時とは大きく隔たるものへと衰えている。この現状をこの国難に当たり変革し、本来の姿に戻すべし、としたのです。

「中世以降、天子深宮《しんきゅう》に垂拱《すいきょう》し玉ひ、公卿唯文弱を務て兵馬の政を挙て之を将士に委ね、命じて武門武士と曰て朝廷事を知り給はず。大権従て移り形勢一変せり」

## 八・一八政変——一夜にしての状況逆転

これは三条実美に提出された一草莽の建白の一節だといいます。つまり、この軍事大権放棄こそが中世以降の混乱の因であり「夷狄《いてき》の禍を引く」因にもなったというのです。

とすれば、ここから武田氏が指摘する「太祖神武天皇の東征に習って、天子自ら武将の任に甘んじつつ率先『艱難《かんなん》』に立ち向かい、群臣の先頭に立って国家革新を断行する。そのことによってのみ、国内分裂を回避して強力な国家的結集を実現し、国家存亡の危機を克服することができる」との主張が生ずるに至ったのは、この論理からくる当然の帰結でもあったに違いありません。天皇は国民のために静かに祈る存在、という今日の感覚からすれば少々違和感も感じられる認識といえましょうが、当時には当時の現実があり、そこにはそのような非常の時代ならではの天皇への要請もまたあったのです。

文久三年八月、この「親征」構想はまさに実現の門口に立ちます。

同十三日、かかる尊攘派の強硬な働きかけにより、ついに朝議は孝明天皇による大和行幸と神武天皇陵・神宮のご親拝を決するに至ったのです。これに呼応して、全国の草莽は次々と各地で決起し、「錦旗一たび動かば義勇の徒、忠憤の士、立所に馳せ参じ」（久坂玄瑞《くさかげんずい》）という状況がそこに現出することが期待されました。志ある者、歓呼して天皇の下に馳せ参ずる、という図です。

ところが、ここで生起したのが、かの八・一八政変でした。

以上に述べたように、攘夷祈願の先頭に立たれることは孝明天皇のご意志ではありました。しかし、幕府からの「兵馬の権」の回収などということまでは、そのご意志にはなかったのです。孝明天皇はあくまでも幕府の「制夷」の役割に期待され、その役割を果たすことを求めておられたのです。この点が尊攘派とは認識が異なっておりました。

かくて、孝明天皇のかかる意を受け、会津・薩摩藩等が中心となり、中川宮朝彦親王を擁した朝廷からの尊攘派一掃の政変が八月十八日、断行されるに至ったのです。これによりそれまで朝議を思いのままに牛耳っていた三条、桂、真木をはじめとする尊攘派は総失脚となり、中央政局から放逐《ほうちく》されるに至りました。

彼らが孝明天皇に期待し、改革をめざした軍事統帥者・革新政治の主体としての天皇像は、かくて一夜にして否定されることとなったのです。

# 五、「艱難」の先頭に立つ天皇

## 復活する能動的な天皇像

八・一八政変により「攘夷の先頭に立たれる天皇」という天皇像は否定されました。とはいえ、歴史というものは単に一直線の道程を歩むものではありません。孝明天皇のご意思は、あくまでも幕府への「大政ご委任」であり、それがここで述べた八・一八政変の原因ともなっていったのは事実ですが、しかし激動する国家の状況は、そのようなこれまで通りの幕府との関係で天皇があり続けることを許すようなものでもなかったのです。

　というのも、これで一難凌いだ幕府には、むしろ皮肉にも「幕権回復」への幻想が生まれることとなっていったのですが、一方、まさに幕府のそうした認識が薩摩藩のみならず越前藩、土佐藩などの反発を買うこととなり、その結果、いわゆる長州征伐や開国の実行を求める列強への対応等、肝心の幕府が果たすべき現実への対応では双方が真っ向から対立する事態ともなっていった、といえるからです。

　つまり、こうした現実を前に、逆に幕府に代わる新たな政治の形、換言すれば能動的な天皇像の復活による新たな国のあり方を求める動きが、薩摩藩や岩倉など一部公家が中心となった「討幕・王政復古」への動きを現実化させていくという展開ともなっていったのです。

　慶応二年七月、長州再征を前に将軍家茂がまず大坂城で没し、更に十二月、今度は何と孝明天皇の突然の崩御という事態が起こります。その直前に家茂の後を継ぎ、将軍に就任していたのが最後の将軍・慶喜でしたが、しかし彼は就任はしたものの、この孝明天皇という幕府への最大の後ろ盾を突然失うこととなり、もはや幕府単独の力ではいかんともしがたい四面楚歌の現実に直面させられることとなっていったのがその現実でした。この慶喜に土佐藩から「大政奉還の建白」が提出され、それに応えて慶喜による「大政奉還の上表」提出となるに至るのは、その十ヵ月後の慶応三年十月。更にそれを受け、一挙にその政治の空白を埋めるべく討幕派による新政府の強行樹立が断行され、王政復古が宣言されることとなったのが十二月九日――。

つまり、ここで前記したごとく「神武創業の始に原き」との宣言が発せられ、再びかつて否定されたはずの神武天皇像が急遽復活を遂げるに至ったのです。

この王政復古の前夜、長州藩の復権とともに八・一八政変により処罰の身となっていた三条実美の赦免が決定します。むろん、それとともにかつてこの三条らから和宮降嫁の際の幕府との関わりを断罪され、京都から追放されることとなっていた岩倉具視もまた地位を回復します。王政復古の大号令はこの岩倉とそのブレーンたる玉松操の手になるものとされますが、その玉松により「神武創業の始に原き」との宣言となり、この宣言が同時に先の神武天皇像の再復活ともなっていったことは、単なる偶然ではありませんでした。

今や将軍に代わり、この日本の運命を双肩に担われて立たれるべきは若き明治天皇であり、明治天皇こそが先頭に立たれるべき、というのは当時の関係者たちの当然の前提であったからです。

つまり、以上に見てきた更なる歴史の進展と国家危機の一層の深化は、かかる神武天皇像という新たな天皇像の復活を不可避のものとし、そのような能動的な天皇像に基づく新たな天皇の登場を人々に期待させるに至った、といってよいのです。

## 「因循の腐臭」を去るべし

ちなみに、王政復古の後、この新たな天皇像の必然性を新政府樹立後、別の形で示すこととなったのが大久保利通《としみち》による大坂遷都論でした。

慶応四年（明治元年）、王政復古がなったとはいうものの、実は新政府を担うこととなった大久保らが朝廷の現実の姿に改めて見たのは、むしろ公家社会の「因循の腐臭」ともいうべきものでした。当時、未だ十七歳の明治天皇は一日のほとんどを後宮で女官に囲まれて過ごし、政治とは全く縁のない生活を過ごしておりました。また、その若き天皇を取り囲む公家たちには変革の意味が全く理解されてもおりませんでした。これでどうして新たな国家建設をめざす改革が実現できましょう。

このような旧来の因習に十重八重に取り囲まれた宮中を改革するためには、何よりもまず天皇をこの奥向きの空間から切り離すしかありません。そのためにはいわば「ショック療法」が必要であり、それが大久保をして、この当時としては過激きわまる論ともいってよい「大坂遷都論」を提起させたともいえるのです。「外国の美政を圧するの大英断を以て挙げ玉ふべきは、遷都にあるべし」と——。

坂本多加雄《たかお》氏はいいます。

「大久保は言う。『主上と申し奉るもの』は『玉簾の内に在し人間に替わらせ玉う様』な状態で、わずかに『公家方』だけが拝し奉ることができるような存在であってはならない。すなわち天皇が伝統的な地である京都を離れることは、一般人民に天皇統治の開始をあらためて実感されるという意義を有していた」（『明治国家の建設』）

それだけではありません。更にその先には、将来的な東京奠都《てんと》も構想されていたといえましょう。これと時を同じくした天皇の軍たる「官軍」の江戸への進発は、まさしく神武天皇の「東征」を連想させるものであり、それが彼らの頭の中には既にあったということなのです。

## 「余一身の仕合わせ、感涙の外これ無く」

この大久保の論はまさに、かつて尊攘派がめざさんとしたところの能動的天皇像の復活でもありました。天皇がこの日本国家の中心に立たれるということは、神武天皇のように自ら艱難の先頭に立たれるということでもある――。そのためには従来の古き因習に囚われた天皇のままであってはならない。つまり、それを天皇御自ら一切排されていくというご決意が、まさに「神武創業の始に原き」という宣言でもあったはずなのです。

とはいえ、この大坂遷都論は実行に移されることはありませんでした。当時としては余りに過激な案であったということと、これをもって天皇を薩長が京都から強引に連れ去り、勝手に自らの手の下に置こうとするものだ、との公家からの反発が出て、実行できなかったからです。

その代わりというべきか、三月二十一日、初めての「大坂行幸」という妥協的な形で、ともあれその目的の一部は達せられます。

天皇が京都の外に出られるというのはむろん初めてのことでしたが、それは新たな天皇像確立に向けての重大な一歩でもありました。御所の奥深くひたすら公家とのみ接触されていた天皇が、今度は公家以外の者を相手とする天皇となられたのです。

一方ここで、木戸や大久保が初めて天皇のお召しを受け、実際に天顔を拝し、お言葉をたまわるという感激の瞬間をこの時もったことにも触れておかねばなりません。維新前は御所に上がることすら許されなかった無位無官の一介の藩士が、初めて拝謁をたまわったのです。大久保は日記に次のようにその感激を記しました。

「実に卑賤の小子、殊に不肖短才にして、かくのごとく玉座を穢《けが》し奉り候義、言語に絶する恐懼《きょうく》の次第、余一身の仕合わせに候、感涙の外これ無く……実は未曾有の事と恐懼奉り候」

これは五箇条の御誓文発布の約一ヵ月後（四月九日）の出来事ですが、続いて木戸もまた御前に召され、天下の形勢、世界情勢についても下問されたことにも触れておく必要がありましょう。木戸も大久保と同様、無位無官の藩士が初めて天顔を拝することを得たことを無上の喜びとしたのですが、木戸は日記にそのことを「感涙襟に満つ」と書いています。ここに彼らが思い描いていた新たな天皇像が、まさに現実の姿となって彼らの前に出現したことが示されていると思うのです。

御誓文はその約一ヵ月前に成ったものですが、「朕躬を以て衆に先じ、天地神明に誓い」と、この御誓文に木戸孝允があえて付加するに至った事情は、まさにこのような背景を前提に考えれば、より明確に理解できるのではないでしょうか。

## 「天下億兆一人も其の處を得ざる時は、皆朕が罪なれば」

さて、ここでようやくお待ちいただいた「御宸翰」の話に戻ります。

この御誓文と同時に発された「御宸翰」は、まさにそうした「国民の先頭に立たれる」天皇像を庶民にも広く徹底せしめるべく、それをよりわかりやすく説く形で国民に示されたものだった、と私には思われてならないのです。ここには確かに神武天皇に直接言及された部分はありません。しかし、ここに示されたお言葉の背景に、以上見てきたような先人たちが求めた神武天皇のお姿をもまた同時に拝していくならば、その趣旨がきわめてよく伝わってくるように感じられてならない、というのが私の感想であるわけです。

「御宸翰」はまず以下のようなお言葉から始まります。

「朕幼弱を以て猝《にわか》に大統を紹《つ》ぎ、爾来《じらい》何を以て万国に対立し、列祖に事《つか》へ奉らんと朝夕恐懼《きょうく》に堪へざるなり」

これは明治天皇の当時のご心境ということでしょう。しかしてそれを受け、中世以来の朝政の衰えにより、今日、天皇の存在がただ名ばかりの現実になってしまっているることをご指摘になり、「かゝる形勢にて何を以て天下に君臨せんや」と自ら問いかけられ、以下のように新時代の「若き天皇」としてのご決意をこの中で披瀝《ひれき》されたのです。

「今般朝政一新の時に膺《あた》り、天下億兆一人も其の處を得ざる時は、皆朕が罪なれば、今日の事、朕身骨を勞し心志を苦め、艱難の先に立ち、古列祖の盡させ給ひし蹤《あと》を履《ふ》み、治績を勤めてこそ、始めて天職を奉じて億兆の君たる所に背かざるべし」

「然るに近来、宇内大いに開け、各国四方に相雄飛するの時に当たり、独我邦のみ世界の形勢にうとく、旧習を固守し一新の効をはからず。朕徒らに九重中に安居し、一日の安きを偸《ぬす》み、百年の憂ひを忘るるときは、遂に各国の凌侮を受け、上は列祖を辱《はずか》しめ奉り、下は億兆を苦めんことを恐る」

まさに、「朕躬を以て衆に先んじ」という御誓文の「勅旨」そのものです。

これはもちろん、「御宸翰」の一部の引用にすぎません。ただ、使用されている文言から推測すれば、恐らく木戸がこの起草に関わりをもったことは確かで、ここには以上に見てきたような天皇像がそのまま表れているといっても過言ではありません。加えて、先の大久保の主張もまた反映されているともいえそうです。

　また、これはいうまでもなく、天皇が自らのご決意を表明された国民への直接のメッセージでもあったわけですが、実はそれだけでなくこの「御宸翰」は、ともかくそうした天皇を中心にいただき、その天皇の並々ならぬご決意を前面に立てて進んでいくのでなければ、この「新国家づくり」は成功しないという、新政府指導者の当時の厳しくぎりぎりの覚悟をもまた、表すものであったように私には思われてならないのです。

「御宸翰」の最後は以下のお言葉をもって閉じられています。

「汝億兆、能能《よくよく》朕が志を体認し、相率いて私見を去り、公義を採《と》り、朕が業を助て、神州を保全し、列聖の神霊を慰し奉らしめば、生前の幸甚《こうじん》ならん」

　これが御誓文の意をわかりやすく解説し、敷衍しようとして発せられた天皇のお言葉でありました。これが御誓文とともに、国民全てに向けて発されたのです。

　この御誓文には、公卿・諸侯が揃って奉答書に署名しました。その数は当日の参列者四一一名。後に追加で署名した者を含めると七六七名にも上ったといいます。まさに当時の国家指導者挙げての「誓い」だったといえましょう。

　このように見てくれれば、なぜ御誓文がこれだけの権威をもち得たのか、その理由がその思想とともに、よく理解できるともいえるのです。

# 第二章

# 単なる「理想」に留まらなかった御誓文

# 一、具体化されていった五箇条の御誓文

## 最初の一歩としての「政体書」

本章ではこれまでとはガラリと視点を転じ、この五箇条の御誓文がその後のわが国の近代国家づくりに、実際に果たすこととなった役割に、焦点を当ててみることにしたいと思います。

いうまでもなく、いかに美しく高邁な理想が文書として掲げられようとも、それが実際の国づくりで何らの具体的な影響・役割も果たすことなく、ただ言葉の美麗さだけに留まったならば、その内容の意味や意義を改めて取り上げ、論じてもさして意味あるものとは思えません。しかし、この五箇条の御誓文についていうべきは、それが引き続き、わが国の近代国家づくりに実際に大きな役割を果たした、という事実なのです。

憲政史学者の尾佐竹猛の「当局の抱負一世を覆ふの概あり」との指摘は、冒頭でも紹介しましたが、その直後には「此方針、此大抱負ありてこそ始めて我帝国をして世界の一等国たらしむるの素地をなしたのである」との指摘もあります。これは実は当時の人々が等しく抱いた率直な感想でもあり、決して尾佐竹だけの誇張した物言いではなかった、というのがここで私が指摘したいことなのです。

五箇条の御誓文が発せられたのは慶応四年（明治元年）三月十四日でしたが、その一ヵ月後の同年四月、まずその趣旨の具体化としての「政体書」が定められます。政府組織の構成に関わる基本法といったらよいでしょうか。そこでは第一に「天下の権力総《すべ》てこれを太政官に帰す」とされ、更に「太政官の権力を分かつて立法、行法、司法の三権とす」と三権の分立が謳われました。欧米の政治制度、とりわけ米国の制度が早速モデルにされたといわれます。

それだけではありません。「各府各藩各縣貢士を出し議員とす、議事の制を立つるは、輿論公議を採る所以《ゆえん》なり」と「公議政治」の原則が確認され、更には「諸官四年を以て交代す、公選入札の法を用ふべし」というような、当時では破天荒ともいうべき方針も打ち出されることとなりました。

ただ、これが単なる空文には留まらず、一度だけですが、実際に行われるものともなったことは後に少々触れます。いずれにしても御誓文の「公議の精神」を具体化せんとする実際の取り組みが、ここにともかく、重要な一歩を踏み出したということなのです。

明治二年二月、立法官たる議政官を置き諸政について「公議を尽くす」との政体書のこの方針は、更に「公議所」の設置へと進みました。

しかし、実際をいえば、この「公議政治」の建前はともかく、現実は期待はずれ、というのが正直なところであったようです。それを担うべき肝心の議員が、未だ封建武士そのものの保守的意識から脱し得ず、国家近代化を不可避とする現実を見据え、現実的に忍耐強く論じていくという意識そのものをもたなかったからです。

その一例として各書で挙げられるのが「切腹禁止案」と、「帯刀を廃するは随意たるの議」です。いずれも数年後には実現に至ったものですが、この時、前者はこれを可とする者わずか三人で、反対が二百人。後者は何と満場一致で否決、となったというのです。それどころか、前者を提案した小野清五郎は斬られ、後者の森有礼《ありのり》は執拗に命を狙われ続けたといいます。維新は実現したとはいえ、人々の意識はまだ依然として「封建の世」そのものに留まっていたのです。

## 陰惨な権力闘争に陥らなかった日本の維新

問題は立法官たる議員だけではありませんでした。新政府の高官となった雄藩の諸侯たちも守旧の感覚に依然として留まっておりました。ところが、この諸侯たちは、政府の基盤たる財政、人材、軍事力いずれもの提供源であり、政府としては要求されればそのまま高官として迎えないわけにはいかなかったのです。とりわけ戊辰《ぼしん》戦争遂行のためには、それは必須でもありました。

そこで新政府はこの諸侯たちを次々と任命していったわけですが、これが何と改革を阻害する頑強な抵抗勢力となっていくこととなったのです。のみならず、大多数は必ずしも実務上、有能ではなかったともいいます。

といっても、新政府にはそれを自由に排除できる権威と力がありません。簡単に彼らの首を切ることはできず、そこでこのような無用の政府高官を《振るい分け》ることが必要となり、そのために使われたのが、先にも触れた「選挙の制」だったという話なのです。

大久保と岩倉がその必要を事前に考えてこれを採用したともいわれますが、いずれにしても、こうした無用の高官を仕分けすべく、この「選挙の制」が用いられたという話です。

この官吏公選は明治二年五月に行われました。それにより、最高位の「議定」では、岩倉が第一位の得票（四十八票）を得、次いで実務に携わる「参与」では、第一位が大久保（四十九票）、以下、木戸（四十二票）、副島種臣《そえじまたねおみ》（三十一票）、東久世通禧《ひがしくぜみちとみ》（二十八票）、後藤象二郎《しょうじろう》（二十三票）、板垣退助（二十一票）の順となって、彼らが晴れて当選となったとされます。むろん、落選者が非職となったことはいうまでもありません。

何だか笑い話のような印象も受けますが、これがこれまで経験したこともない選挙で決着となり、陰惨な権力闘争にならなかった、というところが注目すべき点だといえましょう。鳥海《とりうみ》靖氏は、このような事実が明治維新と外国の革命の歴史を分ける決定的なところだとされるのですが、それとともに以下のような数字も挙げられるのです。数字が一桁違うのではないかと。

「戊辰戦争では新政府側・旧幕府側あわせて八千二百余の死者を出し、西南戦争では、同じく死者約一万三千に達している。明治維新の全過程、嘉永六年のペリー来航から、明治十年の西南戦争まで約四分の一世紀の死者の総数は、三万人程度と考えられる。しかし、前述の内乱は泥沼化して長期戦となったり、外国勢力の介入を受けたりすることはほとんどなく、比較的早期に収拾された。これとほぼ同時代におこった欧米諸国の事例についてみると、アメリカの南北戦争では、死者約六十二万、フランスのパリ＝コミューンの騒乱では、パリにおける一週間〜十日間の市街戦で約三万の犠牲者を出したという」（「五箇条の御誓文と立憲政治の形成」）

それだけではありません。ロシア革命では果たして何千万人が、また中国革命では果たして何千万人の生命が失われたかと更に問うていけば、彼我の違いは歴然どころの話ではないでしょう。では、どうしてこのような違いが生まれたのか。

葦津珍彦《あしづうずひこ》氏はこの明治国家建設の過程では、一度戦いが終われば幕府側の人物でも、例えば勝海舟や榎本武揚《たけあき》のように、新政府の高官にさえ迎え入れられた例を挙げ、この包容性が天皇という国民統合の権威をいただくわが国の変革というものの特徴ではないか、と次のように指摘されるのです（『大日本帝国憲法制定史』）。

「これは専ら、明治天皇のご存在そのものの偉大さによるところ大きいといふほかはない。この政変が、ただ、徳川対毛利・島津とか、西郷・木戸の革命、といふのであれば、このやうな旧権力系人物の協力をもとめることもできないし、また、世人も同僚も決してそれを許すことはないであらう。しかし、……政府の大義名分は、赫々として『万世一系の天皇統治』による統一国家の建設にあった。……これによって外国の革命後においては避けることのできない国民分裂がさけ得られたのみでなく、却って大きな国民統合が実現した。明治天皇のこの偉大なる御存在および精神的統合力なくしては、明治史の急速な発展を考へることはできない」

これが「徳川対毛利・島津とか、西郷・木戸の革命、といふのであれば」との指摘はまさに説得的ですが、同時にそこには天皇という、敵対者の排除ではなくそれを同じ国民として包摂し得る統合の力があった、という指摘だと思うのです。確かにその通りと、日本人としての僥倖《ぎょうこう》を改めて思う次第です。

## 二、国家近代化へ向けた不退転の歩み

### 決して無意味ではなかった「議事の制」

同年七月、この公議所は「集議院」となります。しかし、その実際的役割は相変わらず理想にはほど遠かった、というのが現実だったようです。この集議院にかけられた内外の期待は大きいものでしたが、ここでは多種多様な意見がただ勝手に開陳されるのみで、それを現実的な政策にまとめ上げていく意見統一の才と見識とでもいうべきものは、まだそこには育っていなかったのが現実だった、とされるからです。

となれば、いかに「万機公論に決すべし」とあるとはいえ、現状に通じた行政を任

とする行政官がこの議政官に代わり、専ら改革の役割を果たしていく他ありません。何かあれば、すぐに刀に手をかけるという感覚では、とても平和的討論の上での合意などあり得ず、大久保利通がこれら議政官を「無用の論のみ」と断じたのも無理はなかったのです。この間、太政官の発した法令のうち、この集議院が関わったものはほぼ皆無とされますが、それが率直な現実でもあったのです。

とはいえ、だからといってこの公議所・集議院は単に無意味であったわけでもありません。先にも触れたように、当時、各藩の認識はまだ維新前そのままで、しかも財政権も軍事力も依然把持しているというのが現実でした。いかに文明開化が急務ではあれ、この未だ絶大な力を保持している藩の守旧的意思を無視して、行政官僚のみの力で近代統一国家への政策を前へ進めていくことは不可能だったのです。

ゆえにその現実を踏まえ、各藩から出てくるこの主張に一度は耳を傾け、そこで表明される不満をなだめ、結果として国家の一体化を図っていくためには、やはりこの反発を公的な場で吐き出させることのできる「公議の制」は不可欠だったのです。

それだけではありません、葦津珍彦氏は前掲書の中で、「中央における公議所、集議院の会議政治への志向が、全国の各藩の藩政に及ぼした影響はすこぶる大きかった」とも実は指摘するのです。以下のごとくです。

明治新政府は既に元年十月、もちろん御誓文の趣旨に基づき、各藩においても「議事の制」を立てることを推奨しておりましたが、その結果、各藩でも公議所に模した制度が実は多数に上ったというのです。それも中央では集議院が庶民の参与を全く拒否していたのに反し、地方藩においてはむしろしばしば庶民をして藩議会の議員たらしめた先進的な例もあった、と。例えば、松本藩、高知藩、浅尾藩、大垣藩、岡山藩……等々です。そしてその後も、この風は更に広まり、結果的に「民権自治」を伸ばしていく大きな原動力となっていった、と葦津氏は指摘するのです。

全て御誓文の権威という話です。御誓文はひと度発せられれば、このように国民が挙《こぞ》って守り、歩調を揃え、奉ずるところとなる重大な権威でもあったのです。

## 版籍奉還、そして廃藩置県の断行

明治二年六月、版籍奉還が実現します。当時、新政府はようやく形を整え始めていたとはいえ、未だ地方は藩の支配するところでした。御誓文が発されはしても、未だ大きな力をもつ藩が守旧的な自己主張をすれば政府はそれに振り回され、そこには到底「上下心を一にして、盛んに経綸を行うべし」との、御誓文が示した統一国家の理想の姿はなかったのです。また、藩の中では戊辰戦争帰りの兵が発言力を強め、藩政にその力をもって要求の実現を迫る、という現実もありました。

これに対し、これはまさにシッポが頭を振り回す「尾大《びだい》の弊」であり、これではめざすべき改革にほど遠く、万国に対峙し得る強力な統一国家はできない、と問題視したのが前章でも触れた木戸孝允でした。木戸はこの弊害の除去を新政府にとっての一番の急務とし、そうした現実に代わる「中央集権の制」を実現すべく、そのために藩主が自ら領する土地と人民を自発的に朝廷に返還する「版籍奉還」を唱えることとなったのです。

実現に至った詳しい経緯はここでは省きますが、この木戸が主張した版籍奉還は木戸を中心とした働きかけにより、とりわけ新政府の核であった薩長土肥の藩主たちが率先してこれを新政府に願い出る形で実現しました。そしてこれを受け、藩主は新たに非世襲の「知藩事」に任じられることとなりましたが、それとともに、これまであった「公卿・諸侯」の称も廃され、公卿と諸侯は「華族」、また藩士と旧幕臣は「士族」、農工商は一括して「平民」――となることともなりました。

また、各藩の藩士はそれにともない、これまでの君臣関係を解かれ、これにより新政府の各藩掌握力は更に強化されて全国政府の形に近づき、旧来の封建体制はここで重大な転換点を迎えることともなっていきました。

身分や家格による縛りは廃され、出自にかかわらず、能力に応じて適材を配置できる近代社会の仕組みもまた、ここに生まれることとなっていったのです。

とはいえ、これで完全な中央集権が実現したわけではありません。肝心の徴税と軍事の両権は依然として旧藩主の下にあり、そこには未だ「藩」の独立性が残っていたのです。これでは統一国家は絵に描いた餅です。そこでこれを更に打破すべく、新たにめざされることとなったのが廃藩置県でした。

これはめざさんとする改革の性格上、容易ならざる抵抗が予想される改革でもありました。これが実現されれば、それまでの社会のあり方は根本から覆ることとなるのです。そのため、これに対する準備はまずは薩長、そして最終的には土佐、そして肥前も含めて秘かに周到に進められていくこととなっていきました。中央に薩長土の兵力が集められたことは教科書等にもある通りです。

かくて明治四年七月、新政府はついに在東京の知藩事を皇居に招集、廃藩置県の断行を告げることとなったのです。最初に鹿児島、山口、佐賀、高知の四藩、次いで名古屋、熊本、鳥取、徳島の四藩、そして最後に在京の五十六の知藩事が招かれ、廃藩の詔勅《しょうちょく》が下されました。版籍奉還は請願によるものでしたが、廃藩置県は有無を言わさぬ命令でした。むろん、それを可能にしたのが先にも触れたように、西郷隆盛の下、中央に結集された薩長土の軍事力だったことはいうまでもないことでしょう。

これにより、藩はついに「県」となり、「知藩事」は解任となり、全て東京へ移住することとなりました。そしてこの知藩事の代わりに「県令」が中央から派遣され、この県令が新たに全ての権を把握する形が整えられたのです。

明治国家はようやく封建の枠組みを脱し、かつて先人たちが改革の目標に掲げた全国統一の中央集権国家となりました。新政府の政治指導力は格段に強化され、日本国の面目を一新する現象が至るところで出現していくこととなったのです。

## 引き続き取り組まれた様々な近代化改革

　しかし、それとともに士族は一夜にして職を失うこととともなっていきました。華・士族にはしばらく家禄が支給されましたが、明治九年にはこれが金禄公債証書なるものに代わり、しかもこの禄制は最終的には全廃となっていったのです（秩禄処分）。

　その間、士族は新たに農工商などの職業を自由に選択できるようになり、また政府は「士族授産」の道も講じていきましたが、むろんそれは簡単に成功が約束される道ではありませんでした。「士族の商法」という言葉も生まれたように、慣れぬ商売に手を出して失敗、生活の維持に行き詰まる士族は後を絶たず、結果として彼らには大きな不満が残ったのも事実だったからです。とはいえ、これは新たな近代統一国家実現へのどうしても避けることのできない「産みの苦しみ」でもあったことは否定できません。

　こうした中、新たに取り組まれていったのが、徴兵令、学制、司法改革、地租改正等々の近代化の改革でした。学制といえば、かの「邑《むら》に不学の戸なく、家に不学の人なからしめん」とした学制頒布の布告が思い起こされますが、まさに学問は国民が平等に身を立て、智を開き、産を得るためのものであるという、福澤諭吉などが唱えた近代的な実学主義がその基本となっていったのです。既に見てきた御誓文各条の精神の具体化ともいえましょう。

中でも最も大きな意味をもったのは徴兵令でした。今日の感覚からいえば全く逆ともいえますが、まさにこれは「四民平等」の理念を実現する実に民主的な意味を持つ改革でもあったのです。明治五年の徴兵の告諭は「士は従前の士に非ず、民は従前の民にあらず、均《ひと》しく皇国一般の民にして、国に報ずるの道も固《もと》より其別なかるべし」と述べましたが、まさに「士族の特権」を廃し、全てを均しく平等に、「皇国一般の民」と位置づけたのが、この徴兵令だったといってよいからです。

それだけではありません。廃藩置県を機に、政府は散髪・廃刀の許可、華士族・平民間の婚姻許可、職業の自由選択、農民の農地処分と居住移転の許可……等々といった積極的な改革にも踏み出していきます。これは以上のもの全てを含め、後に帝国憲法の権利義務規定の基礎となっていくものでもありましたが、実に大きな憲法的意義をもつものでもあったといえます。

前出の葦津氏はこれを以下のように指摘しています。

「帝国憲法の『臣民権利義務』の章の条文は、明治の二十年代にいたって急遽羅列したものではなく、明治維新からこの時代に至るまでに、多くの試行錯誤と修正とを繰り返しながら積み重ねられて来たものである」

まさに英国における「歴史的に形成された英国臣民の権利」という考え方を想起させられる話ともいえますが、いずれにしてもまさにこうした一つひとつの権利確立への地道な歩みを促す役割を果たしていったのが、五箇条の御誓文であったのです。

# 三、議会開設と憲法制定への歩み

## 木戸と大久保の「立憲制」への関心

廃藩置県の四ヵ月後、岩倉具視を大使とする遣欧使節団が横浜から出発します。不平等条約の改正に向けた下交渉というのが、この使節団の主目的でありました。しかし、当然のことながら、欧米の文物や制度を視察する、というそれに付随する目的も併せもっていたことはいうまでもありません。御誓文の「智識を世界に求め、大いに皇基を振起すべし」の具体化といえます。そのために使節団は欧米文明諸国の諸施設のみならず、産業革命の現状、議会政治や立憲制の実際の姿、軍制の基本……等々、欧米の現実をまさに自らの眼をもって実地に視察して回ることとなっていったのです。

その中で特筆すべきは、木戸と大久保の近代立憲制へのきわめて高い関心でした。まず木戸は一貫して憲法の重要性に着目。訪問したそれぞれの国において憲法に関心を示しましたが、とりわけドイツでは、九年後に伊藤博文《ひろぶみ》が改めて憲法を学ぶこととなるグナイストに会い、憲法についての教示を受けました。

その結果、まことに木戸らしい反応ともいえますが、早くもドイツ在住の留学生・青木周蔵をして「大日本政規草案」なる憲法案を執筆させ、明治六年に帰国後、早速その案を踏まえ、「政規典則を制定すべし」との建言書を提出したのです。

曰く「今日の急務は先大令を布き、其五条に基て条例を増し、典則を建て以て後患《こうかん》を防ぎ、且つ務めて生民を教育し、徐《ゆ》るやかに其品位賤劣の地を免れしめて、以て全国の大成を期するに如《し》くは莫《な》きなり」というものです。ここで「大令」とは憲法のことに他なりません。ここでは後に触れる民撰議院の設立は未だ優先的な課題として挙げられてはいませんでしたが、まず憲法を立て、「其五条」とはもちろん五箇条の御誓文のことですが、この御誓文の精神に基づき、更にそれを細目化したものを作り、もって「百官有司の随意の臆断」を排し、そうした権力の弊害を法をもって抑制していくことが必要、と説いたのです。いわば「立憲制」の提言といえましょう。

一方、大久保もまた各国の立憲制に強い関心を示しました。その結果、大久保も同様に帰国後、自らの視察体験を踏まえ、意見書を提出していったのです。

大久保は、まず各国の政体として「立君独裁」「君民共治」「人民共治」の三つを挙げ、日本としては法に基づく「君民共治」が最も望ましいとしました。

民主の制は人民の自由という面からいえば一見理想的ともいえますが、フランス革命の時のフランスのように、党派対立による「其の凶暴残虐は君主専制より甚だし」という副作用も避けがたい。一方、君主専制の暴政や権力の腐敗は人民の反発を招き、革命を招く危険性と一体ともいって過言ではありません。そう考えれば、君民共治は「上君権を定め、下民権を限り、至公至正、君民得て私すべからざる体制であり、これこそが国民の統合を維持しつつ、国民の能力を引き出し得る、この日本で今最も実現可能な現実的体制に他ならない、としたのです。

大久保といえば「独裁」「有司専制」というのが今日の一般的な評価ですが、大久保はこのように、御誓文の五箇条をも念頭に置きつつ、この欧米政治の視察体験を踏まえ、長期的な「公議」制度化の明確な展望をここでは主張したわけです。

## 「民撰議院設立建白書」の提出と「大阪会議」

　ところが、この二ヵ月後の明治七年一月、その大久保の政治を、「上帝室に在らず、下人民に在らず、而も独り有司に帰す」と批判する「民撰議院設立建白書」が提出されるに至ったのです。征韓論敗北以後、野に下っていた板垣退助、後藤象二郎、副島種臣等の「征韓派」を中心とするものでした。

　そこでは大久保らの政府に対し、「天下の公議を張る」必要性が主張され、それを実現させるためには「民撰議院」が立てられなければならない、との要求が打ち出されました。彼らはこの建白書の説明の中でこの要求を、「御誓文の意味を拡張せんとするのみ」としておりますが、まさにここでも援用されたのが御誓文だったというところが注目されるのです。

　この建白書の提出も一つの契機となり、明治八年、大久保、木戸、板垣の三者が大阪で会談。その結果として「漸次立憲政体を立つるの詔」が出されることとなっていきます。

この建白書の提出は、このように政府を批判し、国会を求める全国的な運動の呼び水ともなっていったといえますが、この時それに対する政府は台湾出兵に反対した木戸が山口に引退、肝心の政府は大久保一人をもって辛うじて成り立っている、というのが現実でした。

こうした中、このような政府の厳しい状況を打開するべく、この木戸と、そして板垣を大久保と会同させ、政府をもう一度建て直すという動きを、伊藤博文や井上馨《かおる》が仲立ちとなり推進していったのです。

これが世にいう「大阪会議」でした。そして、この三者の合意は辛うじて成立。それを契機に発されたのが、この「漸次立憲政体樹立の詔《みことのり》」だったのです。

「朕、即位の初、首として群臣を会し、五事を以て神明に誓ひ、国是を定め、万民保全の道を求む。……朕、今誓文の意を拡充し、茲《ここ》に元老院を設け以て立法の源を広め、大審院を置き以て審判の権を鞏《かた》くし、また地方官を召集し以て民情を通し公益を図り、漸次に国家立憲の政体を立て、汝衆庶と倶に其慶に頼《よら》んと欲す……」

傍点部にもあるように、まさにここでも御誓文への言及がまずあり、更にそれを受けて「誓文の意を拡充」するのがこの詔の目的だとされているわけです。

御誓文は依然として明治国家の根底をなすものとして援用され、いわばこの権威もあって、大久保、木戸、板垣の三者による立憲体制樹立に向けての合意がここでなされ、このような詔の渙発《かんぱつ》となっていった、という話だといえましょう。

## 国会開設運動から憲法制定へ

明治十年には西南戦争が起こりますが、その後、もはや武力に訴える時代は去った、との認識が一般的となり、政治の主流は議会開設や憲法制定を求める自由民権の運動の方向へとシフトしていきます。

しかし、ここでも御誓文がこの自由民権主張の論拠となっていきました。

例えば同十三年、国会期成同盟の河野広中《ひろなか》らから「国会を開設する允可を上願する書」なるものが政府に提出されますが、彼らはその中で御誓文の各条を掲げ、それぞれに解説を加えつつ、国会開設の必要性を説いていったのです。
むろん、他の建白書も変わりはありませんでした。例えば、足尾鉱毒事件で有名な栃木県の田中正造は同年、「国会開設を建白するの添書」なるものを群馬・栃木の地元民を代表して提出しますが、そこでは「国会を開くは詢《まこと》に陛下叡旨《えいし》の在る所」とした上で、「明治元年三月十四日の御誓文、是其一也」と指摘しています。

この間、国会開設を求める民間の運動は最高潮を迎えていきますが、このような民間からの運動の圧力にも押され、明治十四年、いわゆる「明治十四年政変」を機に、ついに「国会開設の勅諭」が発せられることとなったことは周知のところです。
以下はその冒頭の一節です。

「朕祖宗二千五百有余年の鴻緒《こうちょ》を嗣《つ》ぎ……又夙《つと》に立憲の政体を建て、後世子孫継ぐべきの業を為さんことを期す。嚮《さき》に明治八年に元老院を設け、十一年に府県会を開かしむ。此れ皆漸次基を創《はじ》め序に循《したがい》て歩を進むるの道に由るに非ざるは莫し」

当然のことながら、ここに「夙に立憲の政体を建て、後世子孫継ぐべきの業を為さんことを期す」とあるのは、いうまでもなく御誓文発布を受けたそれ以後の「公議の体制」樹立に向けたわが国の歩みを指すものに他なりません。とすれば、ここでもこの御誓文こそが、このような歩みの出発点であることが確認されている、といってよいわけです。

そして明治二十二年、ついに以上に見てきたような立憲制への歩みを踏まえ、大日本帝国憲法が公布されるに至ったのです。しかしてその上諭では、「明治十四年の詔命を履践し」とされることとなりました。

この「明治十四年の詔命」とは改めて指摘するまでもなく、先の「国会開設の勅諭」を指すものといってよいでしょう。とすれば、そこでも確認したように、その勅諭のベースとなっていたのは御誓文であり、またそうだとすれば、この大日本帝国憲法もまたこの御誓文の帰結に他ならない、というべきだともいえましょう。

つまり、御誓文はこのように、維新以来のわが国の歩みを一貫して導き、志士たちが求めた「公議の体制」、ひいては確固たる「立憲の制」を実現せしめる最も基本的な導きの文書としての役割を果たしていった、ということなのです。

私はかつて拙著『明治憲法の真実』で、この明治憲法の成立過程について書かせていただくことがありましたが、それを書いて改めて感じたのは、この御誓文をベースとする当時の先人たちの「公議」政治（換言すれば議会政治）への希求、そして立憲政治への希求が実に真剣で本気のものであった、ということでした。

そう考えれば、御誓文はこのようにわが国の近代国家を導き、その成功・発展を可能としたわが国のいわば「原憲法」ともいうべき文書、という指摘も成り立つのではないでしょうか。


この御誓文の大なる意義を、今こそわれわれは改めて確認してみる必要があるのではないか、と私は考える次第です。

# 第三章

# 五箇条の御誓文と「公議」の思想

# 一、松平春嶽と「公議」の思想

## なぜ「公議」の思想を改めて論ずるのか

さて、以上が五箇条の御誓文が成立に至った経緯、そこでの原案の起草者となった由利《ゆり》公正《きみまさ》、福岡孝弟《たかちか》、木戸孝允《たかよし》等々とその思想、そしてこの御誓文が渙発された後、その後の明治新国家の国づくりの過程でそれが果たすこととなった役割――等々というたものでした。御誓文の全体像が、それなりに見えてきたのではないでしょうか。ただ、御誓文を論ずるには、もう一つ、重要な問題が最後に残ったのも事実です。私は本書の冒頭から「公議」という言葉を当然のごとく使ってきましたが、これはそもそも御誓文を論ずるに当たってはキーワードというべきものであったにもかかわらず、これについてはこれまで正面から論ずることをしてこなかったからです。

何でしてこなかったのだ、と叱られましょうが、実はそこには少々著者としての考えがあった、ということでもあります。この「公議」の思想を最初から長々と論ずることから始めたら、むしろこれが本書の主題のようになってしまい、本来の主題である御誓文の全体像がぼやけてしまうのではないか、と考えたからです。

既に見てきたように、「公議」は御誓文の中心をなす思想とはいえますが、だからといってこれをもって御誓文の全てであるとはいえません。とすれば、本書の趣旨ということからすれば、御誓文の全体像をまず論ずるのが先ではないのか、と。

もちろん、そうなれば、ここで最後にこの「公議」を論じなければ、この御誓文の意味と意義を全体的に論じたことにならないことも事実です。その意味で、以下、この「公議」の思想について章を改め、解説させていただきたいと考える次第です。

「公議」とは、要は「公に論議すること」といえましょう。

明治維新の過程では「幕府専裁」に対置するものとして主に使われましたが、それは幕政の意思決定過程にもっと広い基盤をもった外部の人々や集団の意見を組み込み、「公」の名に相応《ふさわ》しい広範な意思決定の形に改めていくべき、という新たな「政治の形」を求める考え方、ともいってよいものでした。

果たしてそれはどのような政治状況を背景として生まれ、それはいかにして雄藩諸侯やその藩士たちの主張ともなり、更に新たな日本への政治目標ともなっていくに至ったか。また、それは当時、いかなる政治的な状況を生み出し、最終的に大政奉還とそれに続く王政復古の流れを導き出す原動力ともなっていったか。

そして何といっても、なぜそれは五箇条の御誓文――とりわけ「広く会議を興し、万機公論に決すべし」――という冒頭の規定ともなるに至ったか。

こう考えれば、これは御誓文の「淵源」そのものの探求ともいえる話ですが、この肝心なことがこれまで論じられないままできたわけです。

葦津珍彦《あしづうずひこ》氏は、五箇条の御誓文は由利や福岡や木戸の起草によるものとはされているが、実はそれとは限らぬ多数のわが先人たちが、波乱に満ちた維新の政治的苦闘の中から、その総括として生み出した「大憲章」とも見るべき――と指摘されました。

とすれば、その最も重要な核をなすものこそ、この「公議」の思想とその実現をめざしたこれら数多の先人たちの苦闘であるということもできると思うのです。

以下、その核心を明らかにしていきたいと思う次第です。

## 維新史のメインの思想としての「公議」

むろん、ここに示した五箇条の御誓文第一条については、当時まだ形すら整っていなかった新政府が、国内各藩の支持を調達すべく打ち出した単なる政治上の「リップ・サービス」にすぎなかった――とする見方が一方にはあります。

しかし、いわゆる「西欧の衝撃」――外国船の日本来航――に始まるこの維新の過程をつぶさに見るならば、こうした見方がいかに皮相的で、かつ事実を無視した偏頗《へんぱ》な見方であるかが、即座に見えてくるともいえましょう。

後にも見るように、この対外の衝撃がわが国民を統一国家の必要性に目覚めさせ、この「公議」、すなわち全てを国民を挙げた「公論」で決すべしとする要求を生み出したことは、まさに厳然たる事実だといってよいと思うからです。また、その「公議」を実現しようとする有志の奮闘が、明治維新実現への根本的な推進力ともなっていったことも事実といわねばなりません。

その意味で、むしろこの御誓文冒頭の第一条に結実した「公議・公論」の思想こそが、かの「尊皇攘夷」の思想と並ぶ、この維新の大変革を導いたメインの思想でもあった、という事実がそこからは見て取れる、といってよいと思うのです。

ただ、これを指摘する論文や書物は意外と少ないのが事実です。明治維新はどちらかといえば「開国か攘夷か」の思想対立、あるいは尊皇思想の生起から公武合体、そしてその公武合体のあり方をめぐる対立から、最終的には大政奉還を経て倒幕・王政復古へと至る、幕府対薩長討幕派の「権力闘争の過程」として描かれることが専らで、むしろこれこそが明治維新のメインのストーリーともされているのが実態であるからです。

しかし、これでは明治維新の本質は見えてきません。繰り返しいいますが、なぜ新政府の発足とともにこの五箇条の御誓文のような、今日なお輝きを失わない宣言が発されることとなったのか。またなぜ、「広く会議を興し、万機公論に決すべし」という時代先取りの誓いが、まず冒頭に掲げられることとなったのか。

この事実を真剣に考えれば、明治維新を単なる尊皇攘夷や倒幕・王政復古の思想だけで論ずることはできないといってよいと思うのです。むしろそこにこの「公議」の思想という要素を入れて初めて、明治維新の本質——更にいえば五箇条の御誓文の本質というものが見えてくると私は考えるわけです。

ただ、それは決してそのまま一直線に実現に至った道ではありませんでした。以下に示すように、それはむしろ「挫折に次ぐ挫折の道」というのが相応しいものでもあったのです。

しかし、その相次ぐ挫折にもかかわらず、わが先人たちはこの「公議」の目標を掲げつつそれを一つずつ乗り越え、ついに厚い「時代の壁」を破り、それを現実のものとしていったのです。その苦闘のあとを示すものこそが、すなわち「王政復古の大号令」であり、「五箇条の御誓文」でもあったということです。

以下はその意味で、御誓文の成立過程を更に遡り、いわばその「前史」を明らかにするという、新しいストーリーを新たに始めていくという話ともなりますが、ここは幕末の政治過程をおさらいする感覚で、お付き合いいただけたらと思います。

## 「国外の警報」――「国民的統一」への目覚め

明治維新への発端となったのは、先にも触れた「西欧の衝撃」であったことはいうまでもありません。これについては、折に触れ、好んで私が引用するものでもありますが、徳富蘇峰《とくとみそほう》の以下の指摘が、事の本質をよく示しているように思います。

「国外の警報は、直に対外の思想を誘起し、対外の思想は、直に国民的精神を発揮し、国民的精神は、直に国民的統一を鼓吹す。国民的統一と、封建割拠とは、決して両立するを容《ゆる》さず。それ、外国てふ思想は、日本国てふ観念を刺激す、日本てふ観念の王する日は、是れ各藩てふ観念の滅ぶる日なり。各藩てふ観念の滅ぶる日は、是れ封建社会転覆の日なり」（『吉田松陰』）

ここにもあるように、「西欧の衝撃」はそれへの危機意識から、「日本」というナショナルな観念を呼び起こし、そこからこの「日本」を、確固たる新たな「統一国家」

たらしめていかんとする政治的希求と、その希求とは相容れない、封建割拠＝徳川幕藩体制という日本の現実が抱えている「国の形」の矛盾への眼を開かせ、それを正さんとする新たな思想と行動を生み出すに至った、と蘇峰は指摘するわけです。

むろん、その国民的統一の核は天皇に他なりません。そして、その天皇を中心としてつくり上げられた統一国家が、われわれがここで論ずる明治国家でもありました。

しかし、この明治国家誕生に至る道は、決して先にも述べたように単なる「尊皇攘夷」思想の勃興と、それを「倒幕・王政復古」へともっていかんとした討幕派と幕府の間の権力闘争、といった枠組みのみで語られるものではありません。そこにはもう一つ、先にも指摘したごとき、この危機の中で各藩バラバラであったこの日本国と日本国民を一つに統合し、「封建割拠の日本」を「統一の日本」＝「挙国の日本」へと導いていかんとした「公議」、つまりそうした「国民結集の新たな形」を求める運動もまたあった、とするのが本章の趣旨なのです。

もちろん、徳川幕府はそれ自体、それなりの統合性をもった支配の体制ではありました。しかし、そこには蘇峰のいう「真に国民的統一を実現しうる国家」という要請からすれば、本質的な不足と矛盾とでもいうべき欠落が同時にあったことも事実だったのです。

今日的感覚からいうと少々わかりづらい話でもあるのですが、幕府には全国を一貫して統治できるだけの権威も権力も、実は充分な形で備わっていたとはいえなかったのです。

幕府がこの国の「武力的覇者」としての権力を保持していたことは事実です。しかし、それはかの関ヶ原の戦いで諸大名の協力があってこそ獲得できたものであり、他方権威といってもそれは天皇による将軍宣下《せんげ》があって初めて成り立つものであり、またその権力の実態についても、日本はそれぞれの独立国家たる性格をもつ各藩の「連合国家」というのが現実の姿であり、幕府の性格は全国を一律に統治する「中央政府」というより、全国三百にも及ぶ自立性をもつ藩の中での最大の藩、といった相対的性格を出るものではなかった、というのが実際だったからです。

つまり、そこにあるのは「全国政権」というにはほど遠い現実であったのです。

## 「幕府専裁」から「公議」の体制へ

と同時に、この中で求められたのは、対外的危機への「挙国一致の対処」ということでもありました。幕府を含め、この日本が前記したようにバラバラのままでは、とても列強に対抗していくことなどあり得なかったからです。しかし、それまでの幕府としての最大の関心事は、このような「挙国」の体制づくりどころか、実は自らの権力の維持に他ならず、そのためにはむしろ各藩の力の「弱体化」や「牽制」や「抑制」という、全く矛盾した志向が根底では貫かれておりました。

つまり、各藩にはそれぞれ独立的な統治が委ねられていたとはいえ、その結果、その藩が強大となり、真に独立性を高め、自らの権力を脅かすものとなっていくことは、絶対にあってはならないことだったのです。ゆえに、そのためには各藩の軍事力が強化されたり、幕政に口出しをしてきたり、相互の連携を図る、といったようなことは常に監視され、処罰の対象となりました。そうした各藩に対する姿勢の一例が、各藩の力を削ぐ土木工事や参勤交代や「大船建造の禁」といった各藩統制策ともいえたわけですが、それはこの「挙国一致」による対外的危機への「共同の対処」という要請からすれば、およそ真逆の方向性でもあったということです。

この本質的矛盾とでもいうべきものが、明治維新への因ともなりました。当面求められたのは各藩の防備の強化と、「国家的結集」でしたが、むしろ幕政の現実はそれとは正反対の方向にあり、ゆえにそこではかかる矛盾を正し、この各藩バラバラの割拠状態を改め、そこに各藩の力を結集する「挙国一致」の強力な体制を実現していくことが逆に求められることとなったのです。

それは言葉を換えていえば、それまでの幕府による「専裁」の体制を改め、真に「挙国一致」の名に相応しい、より広範な「国家的意思決定のシステム」を確立せんとする模索の開始でもありました。それまでの徳川宗家の「家職」としての、譜代大名のみが就任することとなっていた「老中」による決定のあり方は、要はひたすら「お家ご安泰」を第一義とする徳川のいわば「私」の政治の形にすぎないものとされ、それを超えた日本を第一義とする「公」のシステムが求められ始めたのです。

その直接の端緒となったのは、最初のペリー来航の後の主席老中であった阿部《あべ》正弘《まさひろ》による諸大名への意見具申の求めだったといえるでしょう。阿部はペリーの開国要求に対し、これを「実に国家の一大事」とし、それまでの幕府専裁の長い慣例をあえて破り、「たとひ忌憚《きたん》に触候事にても」「銘々の心底を残さず、見込みの趣十分に」陳述すべきよう、ここでは諸大名に幕政への積極的な関与を求めたからです。

と同時に、阿部は朝廷に対してもこの事実を報告し、支援を願い出ました。

## 有志大名による「政治関与」への動き

これはまさに維新史の画期をなす重大決断といえました。

尾藤正英氏はそうした動きの背景に、それ以前からこの日本にあった「公論」尊重の思想風土を指摘するとともに、当時の有力諸侯の意見具申があったことを指摘しています。

例えば、このような場合は「衆評」、すなわち多数の者の意見を求めることが肝要、とした水戸斉昭《なりあき》の阿部への提案――すなわち《三家など親藩はもとより、外様であっても有志の者には内々で諮問《しもん》し、それらの者みな協力し「日本の御為に相成り、また恥辱これ無き様に致し度きことに御座候》としたもの、あるいは島津斉彬《なりあきら》の《この様な際には事情を秘密にせず、大名らにも知らせて広く意見を求めるようにすれば、「人心の統合」に役立つであろう》とした意見、等々です（「明治維新と武士」）。

ここにもあるように、それはまさに衆知を結集する「公議」の実現に向けた、時代を先取りする提案とでもいうべきものであったといえました。

この阿部の意見具申の求めを機に、とりわけ有志大名たちによる政治関与への動きが始まっていったことは諸種の歴史解説書などにもある通りです。阿部のこの求めは一回限りのものでしたが、これがその後の展開への重大な転機となったのです。

ところで、これを契機として、各大名の先頭となってまず動き出したのが松平春《しゅん》嶽《がく》（慶永《よしなが》）でした。春嶽は生まれは「御三卿」の一つである田安家であり、その後養子に入ることとなった越前松平家は「御三家」に次ぐ「家門筆頭」という将軍の最近親ともいえる三十二万石を有する名門の大大名でした。しかし、同時に日本の現状への問題意識はきわめて強く、改革への志と実力もまた充分に備えた、意欲に溢れる大名でもあったのです。

とはいえ、この家門という立場は、御三家と同様、徳川宗家を親族として援助することは求められても、身内であるがゆえに幕政に口出しすることは許されず、通常の幕府の意思決定過程からは制度的に疎外されるという、何とも矛盾した存在でもあったのです。時と場合によっては、逆に宗家を脅かす存在となる可能性も想定され、そうとなればむしろ警戒の対象ともなり得た、という話だったのでしょう。

しかし、春嶽の見るところ、このような相も変わらぬ「内向きの論理」のみでしか問題に対処し得ない旧態依然の幕政のあり方を続けていたら、幕府の将来どころか、この日本の前途もまたきわめて危うい、というのがその認識でした。ゆえに、そこで生まれることとなったのが、その時英明の呼び声が高かった一橋慶喜《よしのぶ》をまず「将軍継《けい》嗣《し》」に迎える、というアイデアだったのです。三谷博氏はいいます。

「松平慶永や島津斉彬は、斉昭……の子の一橋慶喜に日本の未来の指導を期待するようになった。時の将軍家定に実子がないことに着目し、御三卿の一人で将軍の養子となる資格を持つ慶喜をその継嗣に擁立し、それを通じて公儀（幕府のこと）の政策決定権を、譜代の小大名からなる老中から、家門、外様の大大名の連合体に移そうと考え始めたのである」(『維新史再考』)

## 松平春嶽による「将軍継嗣問題」の提起

これが有名な「将軍継嗣問題」への関わりであったことはいうまでもありません。

ここにもあるように、これはまずは一橋慶喜を将軍継嗣に擁立することをテコに、一部の老中による専裁の体制を抜本的に改革し、いわば日本という国家を、「譜代の小大名からなる老中」による体制から、むしろ真に国政を担うに足る「家門、外様の大大名の連合体」による体制へと転換することを主眼とするものでもありました。

それはいい方を換えれば、まさに衆知結集の「公議」の体制へ向け、最初に踏み出された意義ある一歩でもありましたが、むろんこれはこうした大大名がもつ「見識と力」に着目したものでもあったといえます。彼らは以前から西洋の動向を注視し、海防を心がけ、それを自藩で率先して実践することもしていたからです。

春嶽によれば、それが徳川斉昭、島津斉彬、伊達宗城《だてむねなり》、山内豊信《とよしげ》(容堂)、鍋島直正《なおまさ》等々といった「有志大名」に他なりませんでした。こうした見識も志もある大大名をこそ幕政の中心に据えるべき、というのが春嶽の主張だったのです。
ついでにいえば、これは春嶽でなければなし得なかった主張でもありました。例えば、こうした考え方は島津斉彬が当時抱いた考え方と全く同じものでもありましたが、斉彬としては外様という立場上、さすがにこれは自分からはいい出すことのできない提案だったからです。そんな他の大名たちの事情も踏まえ、春嶽はあえて自らが発案者となってこのような大名に声をかけ、かかる主張のサークルを広げていくこととなったのです。

ただ付言していえば、この時この春嶽の懐刀となり、江戸に京都にと、この将軍継嗣問題での工作に奔走し、のみならず、それにともなうわが国の画期的な「改革構想」をも提起していったのが、第一章で取り上げた由利公正の盟友でもあり、また当時、西郷隆盛をして「藤田東湖と並ぶ逸材」と評価せしめた橋本左内であったことは、同時に記憶されておかれるべき事実でしょう。橋本はこの春嶽の提起に加え、更に幕府枢要の役職に、旗本の中の俊秀だけでなく、「陪臣・処士」もまた抜擢・登用せよと主張していったからです。つまり、生まれも身分も問わず、有能な者を挙《こぞ》って幕府に集めよ、と。まさに彼のいう「日本国中を一家と見る」発想がそこにはあった、という話です。

このような事実を考えれば、後にこの由利があの広大な精神に立つ「議事之体大意」を書くこととなった背景も、大いに理解ができる話ともいえましょう。

これについて、やはり前出の三谷氏は以下のように指摘しております。

「他方、この時期には、西洋の政治制度を伝聞して、そこに理想の政体を見、政体の変革を夢見ることも始まった。横井や橋本左内がその代表例である。彼らは、同時代西洋の立憲王政を儒教的枠組みの下で解釈したが、その核心は的確に把握している。かの国々の国家統治の基本理念は『衆情』と『公議』重視、それによる君主の恣意性の排除にあり、その実現のため、『衆議』『衆論』によって『役人の選挙』と『国家の大事』の決定が行われていると見たのである」（『明治維新とナショナリズム』）

このような西洋理解にも触発され、この松平春嶽による「公議」制度化への動き、具体的には将軍継嗣問題への関わりが、ここに始まったということもできるのです。

## 井伊直弼による反動と、桜田門外の変

しかし、この「公議」実現に向けた画期的な歩みは安政五年、重大な「反動」に直面することともなっていきます。周知のように、この春嶽らの前に守旧派の代表たる大老・井伊直弼《なおすけ》が大老となって登場し、彼らに対する強力な反撃へと転じていくこととなったからです。

その経緯は以下のようなものでした。

その頃、幕府はこの将軍継嗣問題とともに、日米通商条約の調印問題に直面しておりましたが、井伊は守旧派の要請を受けて大老に就任すると同時に、前者の将軍継嗣問題に対する春嶽らの主張をまず退け、将軍継嗣を紀州藩の徳川慶福《よしとみ》（家茂《いえもち》）に早々に決するとともに、後者の日米通商条約についても、それをあえて天皇の勅許を得ることなく（前老中の堀田正睦《まさよし》はそれを天皇に求めることを以前に約束しておったにもかかわらず）、独断で調印するという暴挙に出たのです。

それだけではありません。その独断調印を「違勅」と強く抗議に出た斉昭や春嶽ら

大名たちを、「不時登城」なる慣例違反ときめつけ、のみならず彼らの大老批判を老中により専有された幕政への、外部からの「公然たる介入」だとも断罪、その中心となった大名たち（具体的には徳川斉昭、徳川慶勝《よしかつ》、山内豊信、伊達宗城ら）への謹慎や隠居といった厳重処分に出たのです（なお島津斉彬はその直前に突然死去したがゆえに対象とはならず）。井伊にとっては「幕府専裁」こそが本来のあり方であり、大老を外部から批判するような行動はとても認められるようなものではなかったという話です。

しかし、井伊の反動はそれに留まりませんでした。井伊はこの時、何と孝明天皇にもまた圧力をかける挙に出たからです。

実はこの時、孝明天皇はこの井伊の決定に激怒され、一時はご譲位を表明されるとともに、その暴挙を正すべく、水戸藩主に直接に勅書を下されるという異例の行動に出ておられました。このような外交問題はまさに「国家の大事」であるがゆえに、改めて諸大名の「衆議」に諮《はか》りたい（すなわち「一同、群議・評定《ひょうじょう》」）、よって諸藩にもこの勅旨を伝えよ――と水戸藩主に対し、そのご意向を表明されたのです。

ところが、この孝明天皇がとられた行動を、幕府を介さぬ諸侯への直接の意思表明だとし、それは天皇が守るべき禁制を犯すものであり、幕府の全国大名に対する「命令権」を侵害するものだとこれを取り上げ、その勅書降下に関わった水戸藩をはじめとする公家や志士たち関係者を捕らえ、それをもって大老の無断調印への批判の高まりに反撃し、露骨な力による事態の収拾を図らんとしたのがこの井伊だったのです。のみならず、同じくこの将軍継嗣に関わりをもつとともに、独断調印を問題視した面々（その中に吉田松陰や橋本左内もまた含まれたことは周知のところですが）をもまた次々に獄へと投じ（すなわち「安政の大獄」）、処断していったことはご存じの通りです。

むろん、この極端な反動は、一年半後の水戸藩士らの桜田門外における井伊斬奸《ざんかん》の挙によりあえなく終焉《しゅうえん》を迎えることとなりました。

この強権支配の権化《ごんげ》たる大老が、その登城途中で白昼公然と襲われ、斬られたのです。それはこれまでなら考えられもしなかった驚愕の事態でしたが、皮肉にも、それまで誰もが疑わなかった「幕府絶対権威」の崩壊を、白日の下にさらす契機ともなっていったのです。

井上勲氏は次のように指摘します。

「これを契機に、幕府の権威は崩壊をはじめてやまなかった。朝廷は栄誉と文化的な伝統の保有者というにとどまらず、政治的な威信をあわせもちはじめてくる。いいかえれば権威をもちはじめる。天皇への忠誠を起動力として志士の活動がはじまる。幕府の束縛を脱しながら、雄藩の行動がはじまる。かくして、公武合体と尊皇攘夷運動との相克の時代が到来した」（『王政復古』）

# 二、島津久光と「公議」の追求

## 久光の実力行動による幕府への圧力

ここに生じたのは、幕府権威の崩壊による政治的権力の一挙の分散化に他なりませんでした。このような幕府権威の崩壊と、逆にこの間の一連の幕府とのやりとりの中で、「専制への抵抗の象徴」とされることとなった天皇の権威は高まるばかりでしたが、とはいえそこに幕府に代わる新たな秩序が生まれたわけではなく、一方、天皇の威信が高まることとなったのは事実としても、だからといってそこに、幕府に代われるだけの新たな体制が出現したわけでもなかったのも事実だったからです。つまり、むしろ結果は無秩序化の進行というかつて経験したことのない事態だったのです。

ゆえにここでまず課題として意識されたのは、この天皇の威信の高まりを受けた、この無秩序化の現実を超える「政治統合」を実現していくことのできる新たな道でした。それが朝廷と幕府が一体となった「公武合体」であり、それをベースとした「公議」の体制の具体化に他ならなかったわけです。

そして、幕府と朝廷の間に立ってその両者間の周旋に立ち上がったのが、ここに井上氏のいう「雄藩」の大名たちだったのです。

いうまでもなく、その力をまさに最初に示したのが、文久二年六月の島津久光（島津斉彬の弟で藩主・茂久《もちひさ》の父）による一千の兵を率いての江戸への出府、すなわち勅使・大原重徳《しげとみ》の「護衛」を名目とした幕府へのデモンストレーションでした。

その目的は、要はその実力を背景としての、井伊直弼により先に失脚せしめられた一橋慶喜と松平春嶽を、新たに幕府の要職に就かしめるべし、とする朝廷からの要求を幕府に伝達することに他なりません。これは久光にとっては、その兄・斉彬のかねてからの宿願でもあった「公議」実現への思いを継ぐものでもあり、同時に井伊により否定された「公議」という目標を、もう一度幕政の中に位置づけ直さんとする、いわば当時の「一橋派」の復権要求といえるものでもあったのです。

この要求には当然、幕府の「人事権」に介入するもの、という幕府側からの強い抵抗が出たことはいうまでもありません。とはいえ、最終的には久光の力による威圧が功を奏し、一橋慶喜を将軍後見職に、松平春嶽を政事総裁職に就任せしめることで合意は成立。久光によるこの周旋行動はまずは成功の結果を得ることとなったのです。

これは譜代や旗本以外の大大名を、初めて幕府の重職に就任せしめる人事として画期的なものでしたが、まさにここには、これまでの身内の小大名を中心とした幕政の「私」の形（つまり徳川しか眼中にない姿勢）を正し、新たに「挙国」の名に相応しい大大名をも含めた「公」の形（日本を軸にしたもの）に改めていくという、元はといえば春嶽の構想の実現という意味合いもまた含むものでもありました。

以下は、ここで政事総裁職に就任することとなった松平春嶽の言葉ですが、彼らがかかる状況において、このめざすべき「公議」の体制をどのようなものとして捉えようとしていたか、そのことがよく窺えて実に興味深いものでもあります。

「幕府従来の私心を捨て、天下輿論の公に従ひ、非とし私と斥す処は悉く去り尽し、天下に謀って天下を治め、人心に従ふて人心を安心し候はば、天下すべて幕府と一体と相成申すべし」

「幕府従来の私心」とは、既に見てきたように「徳川家ご安泰」しか考えてこなかったこれまでの幕府の姿勢に他なりません。今後はそのようなあり方を全て捨て「天下に謀って天下を治め、人心に従ふて人心を安心」させるものに改めるべき、と春嶽は主張したのです。そうすれば「天下すべて幕府と一体と相成申すべし」と。

ここには第一章で見た横井小楠《しょうなん》の「公」の思想があるともいえますが、かくて春嶽の「公議」実現に向けた政治は、井伊の反動を乗り越え、ここにようやく本来の歩みを始めるに至ったともいえます。それは御誓文へと至る道のりの貴重な一歩でもあったのです。

## 「尊皇攘夷運動の激昂」による無秩序

とはいえ、政治とは一筋縄ではいかないものです。

久光の行動は、一大名（実際はその父）による公然たる幕政介入への最初のケースでもありましたが、ここでこの久光の強引な圧力に屈し、一方的に久光の要求のままとなった幕府の姿を見、今度はそこに「幕府権威の終わり」もまた見ることとなっていったのが、当時京都を拠点としていた尊皇攘夷派だったからです。

彼らは早くもここに「公武合体」の限界を見定め、むしろ討幕をさえその先に見据え始めていくこととなったといえましょう。

つまり、久光にとっては「一橋派」の復権という当初の目的も果たし、これで「公武合体」の道筋もつけ得たと、その結果に快心の満足を覚えての江戸からの帰還だったのが、実は彼を迎えた京都の状況は、このような勢力による攘夷運動の「熱気の坩堝《るつぼ》」とでもいえる現実に変貌していた、という話だったのです。

それは彼が江戸に向かった数ヵ月前の状況とは百八十度異なるものでした。もはや

「公武合体」は全く無意味なスローガンでしかなく、今や攘夷が唯一の主張となり、いわば京都は「尊皇攘夷運動の激昂」とでもいうべき状況の中にあった、ということなのです。

前述の井上氏はそれを以下のように書いています。

「志士たちの横行があった。天誅という名の暗殺があった。敵対の者は、もとよりその対象である。尊皇攘夷に同意を示さない者へも脅迫がくわわった。朝廷内部には、たとえば三条実美のような廷臣があって、長州藩あるいは尊攘派の志士と呼応して朝廷会議を指導した」（前掲）

全ては先の井伊の弾圧政治が発端となった幕府への反発でしたが、その結果、もはや「公武合体」はそれをただ口にすることも不可能、という状況ともなっていったわけです。天誅や敵対者への脅迫が日常化し、ここにもあるように、それはもはや「無秩序への狂奔」以外の何ものでもないというのが率直な現実でした。

彼らは幕府に対し、「破約攘夷」の即時実行をこのような実力行動をもって迫るとともに、もし幕府がそれを実行しないのであれば、朝廷は幕府からその「軍事権限」を剝奪すべき、とさえ主張するに至ったのです。

久光たちが考えた「公武合体」はもはや完全に「過去の物語」となり果てておりました。つい先日まではめざすべき目標だった「公武合体」は、その実効を見る間すらなく、このような尊皇攘夷の激流の中に埋没しようとしていたのです。

## 逆転のクーデター・八・一八政変

翌年の文久三年三月四日、朝廷からの督促に応え、将軍家茂が上洛します。家茂が求められたのは「破約攘夷」即時実行の有無をいわさぬ約束でした。

同二十一日、攘夷を祈願する天皇の賀茂社行幸があり、家茂は御列の後陣としてそれに扈従《こじゅう》することとなりました。天皇の後に従う将軍の姿は、日本国家の最上位に位置する存在はもはや天皇以外にないことを、民衆に鮮烈に示すものでもありました。

そして更に一ヵ月後の四月十一日と十二日、今度は両日にわたって石清水八幡宮への行幸ともなっていったのです。

それはもはや公武合体というより、「幕府権威」の否定というのが実態に相応しかったといえましょう。幕府は尊攘派のいうがままも同然の状況にあったというのが正しかったからです。

実はそんな状況に絶望し、三月、上洛途上の家茂を大津に迎え、かくなる上は将軍は辞職する他なし、と家茂に辞職を勧め、自らも政事総裁職を辞めて一方的に福井に帰ってしまうという挙に出たのが春嶽でもありました。この行動にもあるように、もはや幕府には進むことも退くことも簡単にはできない状況が現実であったのです。

そんな中、家茂はついにその攘夷実行の期日を、「五月十日」と約束させられるに至ります。当日、長州藩は関門海峡を通航する外国船への一斉砲撃に出たのですが、これはまさに全面的な対外的「攘夷戦争」といってよいものでした。尊王攘夷運動の急進は、ついにその極限に立ち至ったといえるのです。

しかし、ここでもまた状況は「劇的な転換」を迎えます。

これは第一章でも触れましたが、八月十八日、朝廷内で政変が断行され、この尊攘派支配の状況がまたもや百八十度、逆転されることとなったからです。動いたのは薩摩藩と会津藩の軍事力の後ろ盾を得た中川宮朝彦親王でしたが、親王は孝明天皇の承諾を得て、この過激な尊皇攘夷派の京都からの「一挙排除」という実力行使に打って出たのです。

この挙は見事な成功を収め、まさに「公武合体」をいうことすら困難な状況を作り上げていた三条実美らの公卿、長州藩、そして尊皇攘夷の浪士たちが、一夜にして京都から追われることとなっていきました。

世にいう「過激攘夷派」追放のクーデター、八・一八政変です。

## 「朝廷参与会議」という初めての「公議」体制

この政変は、再び「公武合体」の体制への復帰と、「公議」体制の実現を求める有志大名の京都への上洛を促すものとなりました。久光、春嶽、慶喜、加うるに伊達宗城、山内豊信といった、かつての「一橋派」諸大名の上洛です。

過激な攘夷路線が否定されたとなれば、次に求められるのは失われた秩序の回復と、新たな外交方針＝「国是」の決定に他なりません。その決定の場が、今や朝廷の他にないことは誰にも明らかでしたが、しかし先にも述べたように、朝廷にはその決定を単独でなし得る力も人材も存在していなかったのが現実でした。
ゆえに、その朝廷の政策決定の場に新たに有志大名を加えるべし、というのがこの政変後の新たな動きとなったのです。

ここで再び役割を果たすこととなったのが久光でした。久光は朝彦親王に建白書を提出し、これまでの朝廷のあり方――すなわち尊攘派にいいように振り回されてきたそれまでのあり方――には大いに問題があったとし、今後はそれを改め、「遠大な見識」をもって天下の「公議」を採用し、国家の基本方針を定めていくべき、と説いたのです。

その建白は孝明天皇にも届けられたのでしょう。十一月十五日、何と孝明天皇からのご宸翰《しんかん》が久光に届きます。そこには「公武合体」への孝明天皇の強い思いが示されるとともに、その具体策を久光に問うお言葉がありました。

当然、久光はこれに「奉答」します。その核心は孝明天皇のお考えでもあった「破約攘夷」の扱いにありました。しかし、久光はこの「破約攘夷」が孝明天皇の強いご意向であることは重々承知の上で、あえてその実行を急ぐことに異論を呈し、またその手始めとして議論されている横浜の「鎖港」もまた、残念ながら実現性は低いとし、今なすべきことはむしろそれを止め、各藩が「武備充実」に努めることではないか、としたのです。

それは有志大名たち全ての認識でもありました。この有志大名たちの認識を孝明天皇もまたご理解いただきたい、と久光は奉答したのです。

十二月三十一日、朝廷は慶喜、春嶽、豊信、宗城、そしてそれに加うるに松平容保《かたもり》に朝廷参与を命じ、ここに初めて、かつて史上前例のない国家制度上の正式機関としての性格をもつ「朝廷参与会議」が発足することとなりました。将軍継嗣問題以来、春嶽や久光ら有志諸侯たちが求め続けてきた「公議」の体制が、ここにようやく形となったのです。諸侯たちの感激はいかばかりだったでしょう。

ちなみに、久光の参与への任命は翌年の一月十三日と、他の大名の任命には半月ほど遅れました。しかしそれは久光が大名の父ではあっても正式の大名ではなく、よって官位ももたなかったからで、この時の新たな官位叙任とともに、久光もまた晴れて一員に加わることとなったことは、改めて指摘するまでもありません。

この「参与会議」は早速「破約攘夷」の具体的方策、とりわけ横浜鎖港の是非を論ずることとなっていくのですが、しかしここでもまた前途に控えていたのは、久光らが思いもかけなかった「抵抗の壁」だったのです。

## 三、一橋慶喜という「公議」への新たな壁

### 分裂となった「朝廷参与会議」

以上に述べたような経緯を経て、ようやく開催に至ったのが文久四年二月（元治元年）の「朝廷参与会議」、すなわち「元治国是会議」でした。繰り返しいいますが、このような「公家と武家による合同会議」などというものは、史上かつて例がなく、これは日本で最初の「国家最高会議」というべきものでもあったのです。「公議」に

よる国策の決定という久光や春嶽らの主張が、ここで初めて具体的な形を得たともいえるわけです。

しかし、現実というものは誠に皮肉なもので、この画期的な会議の開催はまさにそのまま《破綻への道》ともなっていくこととなります。

この会議の最大の課題は、幕府がかつて「和宮降嫁」を実現する際に朝廷に約束していた「破約攘夷」の実行、すなわちその具体的着手としての「横浜鎖港」でしたが、この論点をめぐり有志大名と一橋慶喜の主張が対立し、結局この会議はそのまま最初にして最後の会議となって終わることとなってしまったからです。

久光をはじめとする有志大名のこの問題に対する立場は「開国」でした。今更横浜鎖港などといっても外国は相手にするはずもなく、またすぐに実現できるものでもありません。それよりもむしろここは一旦開国して、それを契機に武備充実に努め、国力をつけることの方が先決ではないか、としたのです。そして、この立場は慶喜もまた当初は同じでした。

ところが、実際に参与会議となるや、慶喜は突然この立場を覆したのです。慶喜は朝廷に攘夷実行を進んで約束し、その手始めとして横浜鎖港を急いで実現すると、何とこれまでの言を百八十度翻して主張するに至ったからです。

それは幕府と同様、その実現可能性に蓋をし、ともかく攘夷の実行を求める天皇の意向に自らの主張を合わせて見せ、それにより天皇の歓心を得んとする狡猾な策以外のものではありませんでしたが、同時にその時孝明天皇の強い信頼を得ていた久光に対する、その信頼を自らに奪い返さんとする陰湿な挽回策でもありました。

その結果、この「元治国是会議」の結論は「横浜鎖港」となりました。天皇と朝彦親王、そして関白らの朝議はこれを是とし、今やその支持と信頼はこの慶喜に対するものへと明らかに転じていくこととなったのです。

一方、久光ら有志大名はこの結果に大きな失望を覚えることとなりました。佐々木克《すぐる》氏は以下のように指摘します。

「四侯には不満以外の、なにものも残らなかった。とくに久光の失望は深かった。……慶喜は平然と手のひら返しをして、ほとんど不可能だと思っていることを、実現すると確約したのである。／国家の最も重要な事柄を、このように決めてかまわないのか。元治国是会議は、朝廷と幕府と藩の、実態をともなった真の公武合体が実現すると、大きな期待のもとに始まったものだった。しかし今や解体寸前の状況となっていた」（『幕末史』）

久光や春嶽らにとって、慶喜は長らく「公議」実現への《期待の星》そのものでした。将軍継嗣問題以来、「一橋派」とはまさにこの慶喜に対する期待の下に形成された「改革派サークル」でもあったのです。にもかかわらず、その慶喜が今や彼らの前に立ちはだかる「壁」へと豹変してしまったのです。

三月九日、彼らは参与の辞表を朝廷に提出、四月中旬、深い失望の中をそれぞれの国へと帰国していくこととなりました。「公議」実現への歩みは、ここでもまた無惨な挫折を余儀なくされたのです。

一方、京都に残った慶喜は、ここで得た天皇と朝廷の新たな期待の下、「禁裏御守衛総督兼摂海防御指揮」に就任します。将軍家茂は成人し、もはや将軍後見職は有名無実となっておりました。となれば、それに代わる新たな立場が必要となります。それがこの将軍の名代となって京都に常駐し、天皇と朝廷を内外のあらゆる危険から守っていく、との新たな役職であったのです。

もはや慶喜の心の中にあるのは「幕威回復」の一点であり、春嶽や久光らとの「政体一新」の約束は、今や過去の話以外のものではない、というのが現実でした。

## 幕薩対立の決定的契機となった禁門の変、そして長州征伐

とはいえ、これで一件落着とはもちろんなりませんでした。

京都に「権力の空白」が生まれたと見た長州藩は、元治元年七月、今度は武力上洛という強硬手段に打って出たからです。前年の政変による処分の撤回と、新たな国是をこれまでの「強硬攘夷」に戻すことを要求に掲げての実力行動でした。

これを迎えるのは、新たに禁裏御守衛総督となった慶喜と、京都守護職・会津藩主の松平容保、それにその弟の京都所司代・桑名藩主の松平定敬《さだあき》に他なりません。つまり世にいう「一会桑《いちかいそう》」です。

慶喜は当初、説得により長州藩を退去させる方針を公言しておりました。しかし、後にこれを転換、天皇より「速やかに誅伐」との勅語を得る展開となっていったのです。その後の戦闘の経過はここでは省きますが、結果は御所そのものが戦場となる中、急遽彼らの支援に廻ることとなった西郷隆盛率いる薩摩藩の援護により当初の劣勢を挽回、長州藩の撃退に辛うじて成功するという幸運なものとなりました。これが世にいう「禁門の変」です。

しかし、これが「王政復古・討幕」実現に向けた政治プロセスの「実質上の出発点」ともなっていったのです。というのも、これにより天皇の慶喜への信頼は不動のものとなりましたが、皮肉にもこれがこの慶喜と薩摩藩ら「公議」派諸藩との政治的対立を、逆に修復困難なものへと転ぜしめていく決定的ともいうべき契機となったからです。

周知のように、禁門の変は長州藩の敗北となって終わりましたが、新たな問題の発端となったのは、ここで「朝敵」となった長州藩に対する処分でした。

同年十一月、そのためにまず第一次の長州征討となったわけですが、結果からいえばこれは、長州藩が武力上洛の指揮者であった長州藩三名の老臣の首級を、自ら征長軍に差し出すことにより、戦争にならずに終了となったことは、改めていうまでもありません。総督・徳川慶勝はこれをもって長州藩の「謝罪」と認め、あえて処分の問題を問わずに撤兵としたのです。そこには無用の戦闘は何ら得るものがなくむしろ避けるべき、とのきわめて理に適った政治判断がありました。

にもかかわらず、この結果を「不徹底」として反発したのが幕府と慶喜だったのです。彼らはこの撤兵を幕府の権威を自ら損なうものだと批判。単なる謝罪に留まらず、更に長州藩に厳重な処分を受け入れさせることが必要と主張したのです（つまり「第二次征長」の要求）。自らが置かれた状況が見えていない悲劇という他ありませんが、これはいい換えれば、自らがもつ権威と力を見失った幕府の「奢《おご》り」とでもいってよいものでもありました。ゆえに、これに正面から異を唱えたのが薩摩藩であったのです。

ここで薩摩藩が再びもち出したのが「公議」、すなわち「諸侯会議」の要求でした。これ以上の戦いは名義がないとするとともに、これは長州藩という、これまで尊皇を語り、攘夷を実践し続けてきた「有数の雄藩」に対する処分の問題であり、それは幕府が単独では決し得ない「朝廷に関わる問題」に他ならない。どうしても処分が必要だというのであれば「諸侯会議」を招集して決すべきだ、としたのです。

むろん、これに対しては、藩を処分する権能はもともと幕府に属するもので、当然幕府はこれを「専裁」して何ら構わない、としたのがその時の幕府でした。

そしてこの時、このいずれの主張をも無視し、むしろ自ら単独で天皇の勅許を得ることにより、この第二次征長の問題を決しようとしたのが慶喜だったのです。

慶応元年九月二十日、慶喜は松平容保と松平定敬《さだあき》を伴い天皇の下に参内、勅許を要請します。当然それを受けて朝議の開催となりましたが、しかしここには当然、薩摩藩の入説《にゅうぜい》を受けた公家が多数おり、むしろ諸侯会議が先だと主張して結論は出ませんでした。しかし、慶喜は断固としてその場を動かず、勅許を要求し続けたのです。

勅許を得られなければ「一会桑」の三者は辞職する他ないとの脅迫も加え、彼はただひたすら勅許を朝廷に迫りました。むろん、三者辞職となれば、京都を守る者は誰もいなくなり、京都の防備は丸裸も同然となる他ありません。それは公家にとっては、先の禁門の変再来や異国船来襲の悪夢そのものでした。その結果、長州再征はあろうことか、勅許となってしまったのです（これと同時に、それまで懸案だった日米通商条約も勅許となりますが、ここでは話を先に急ぐため、この問題には触れません）。

この結果を聞き、激怒したのが大久保利通でした。慶喜も慶喜だが朝廷は何をしているのか、このような筋の通らない勅命はまさに「非義の勅命」というべきで、諸藩はもとより誰もが承服しない、だから薩摩藩も従うつもりはない、とまで彼は断じたのです。

先の元治国是会議では慶喜に屈辱の煮え湯を飲まされた薩摩藩でしたが、ここでもまた結果は同じものとなりました。ゆえに彼らには、今後めざすべき「公議」はこれからは「幕府抜き」で実現する他ない、との覚悟がいよいよ鞏固《きょうこ》なものとなっていったのです。

# 四、慶喜に対する西郷・大久保

## これからは諸侯による「挙国体制」だ

ここで話を一年前に戻します。

元治元年九月、第一次征長を前にして西郷隆盛と勝海舟が初めて会談しました。話題は第一次征長と、列強による「兵庫開港」の要求となりましたが、ここで海舟は実に衝撃的なことを西郷に語ったのです。要は幕府にはもはや日本の運命を担えるだけの力がない。ゆえに列強との交渉については、むしろ諸侯がこれを担当し、これからはこの諸侯による「挙国体制」で外国と対抗できるようにしていく他ない、と勝は述べたのです。

西郷はこの勝の、自らの身内の現状に対する何ら隠し立てのない率直な指摘に深く感銘を受けるとともに、以後、西郷のいう「共和政治」、つまり幕府に代わる諸侯協力による「公議」の体制実現に向けた確信を深めていくこととなりました。もはや幕府を前提に考える時代ではないのだ、と。

むろん、この路線を今後進めていくとなれば、各藩には幕府に対する「自立」が求められることとなっていきましょう。各藩が幕府の意向に従わないで独自にやっていくとなれば、各藩はそれぞれその地で各々「割拠」し、自藩の「富国強兵」を進めることにより、自らがこの日本を列強に対し、自力で守っていけるようになっていかなければならないからです。そうした各藩それぞれの自力による努力の全国的結集こそが、今日彼らに求められる「挙国体制」というべきものであったわけです。それとすれば、薩摩藩はこの流れに断じて遅れをとるわけにはいきません。それが薩摩藩の覚悟となったのです。

ところで、この「割拠」ということになれば、皮肉なことですが長州藩の現実がまさにそれでした。彼らはこの時、一藩独力で幕府に対峙しようとしていたからです。

しかし、これまで薩摩藩はこの長州藩と、実はひたすら無用無益な対立を続けてきたのが実際でした。ゆえにこれからもこんなことを続けていてよいのか、との反省がここで生ずることとなったのです。それまでは西郷は、長州藩に対する厳罰論者でした。しかし、勝のいうようにこれからは幕府ではなく、それぞれ自立した「諸侯による協力」の時代だと考えれば、今後はむしろこの長州藩との協力こそが必要となるのではないか、と考え始めたのです。

その結果、西郷は第一次征長の際の参謀の立場を生かし、総督となった徳川慶勝に働きかけ、あえて征長を実際の戦いに持ち込むことなく、長州藩の謝罪を理由として速やかな撤兵という巧妙な幕引きに転じていくこととなったといえます。

## ついに実現に至った「薩長盟約」

ところが、前述したように、これに対して一方的に「第二次征長」という話が幕府側から再浮上することとなっていったのです。薩摩藩がこれに全面的に反対の姿勢をとったのは、まさに当然の流れでもありました。前述したように、この第二次征長はいわば慶喜のごり押しにより、強引に勅許にこぎつけた無理筋の要求に他ならなかったからです。

ゆえに薩摩藩はこれに対し、今後自藩はかかる名義のない「私戦」には一切関わることはできない、と断固として宣言することとなりました。

「薩摩藩は、幕府との対立をふかめていく。幕府が……長州処分を強行しようとすればするほどに、対立を深めざるをえなかった。幕府との対立は、そのまま長州藩への接近であった。その権力の増強をおさえるには、幕府の長州処分を成功させてはならぬ。そのためには、長州藩に幕府軍への抗戦を期待しなければならなかった」

前出の井上勲氏はこのように書きますが、これが周知の「薩長盟約」への伏線となっていったことはいうまでもありません。

慶応元年六月、まず薩摩藩は坂本龍馬の仲介により、薩摩藩名義による長州藩への外国からの武器購入の便宜を図ってはもらえないか、との申し入れを受け入れます。当時の長州藩にとって、幕府による制裁もあり、外国からの武器購入はどう足掻いてもできない相談でした。薩摩藩は快くその便宜提供の要請を了承したのです。

慶応二年一月、今度は木戸孝允が薩摩藩の黒田清隆に伴われて上洛。薩摩藩邸に入ります。薩長両藩の更なる提携をめざした協議が、その目的でした。もちろんここで確認されたのが、かの「薩長盟約」であったことはいうまでもありません。ここで焦点となったのは、禁門の変以来「朝敵」を余儀なくされてきた長州藩の立場でしたが、その苦境をどう具体的に打破していくかが議論となったのです。

「朝敵」のままでは薩摩藩がめざす「公議」の体制に今後も長州藩が加わることはあり得ません。それではめざすべき「挙国」の体制はいつまで経っても実現しない。その結果、薩摩藩はこの現状打破のために全力を傾けることを木戸に約束。そこで西郷らがこの冤罪解消の行動のために木戸に明言した約定が、この「薩長盟約」と今日いわれるものとなっていったのです。

## またしても慶喜に利用された「四侯会議」

同年六月、ついに第二次征長は実際の交戦となります。しかし、最初から幕府側の劣勢は覆りませんでした。そんな中で七月、家茂が大坂城で突然病没します。慶喜は家茂に代わり自らが出陣して劣勢挽回を、と一時は戦争指揮への意欲を示しはしたのですが、結局は小倉城の落城を見るやこれを撤回。第二次征長は幕府劣勢のうちに休戦となったのです。

ここで再び厳しい対決となったのが、かかる結末となった長州藩に対する取り扱いの問題でした。もはや「長州藩の処分」などという話はあり得ません。しかし、そうだとすれば、その事実を正式に確認することが必要となるわけです。そして、これに新たな課題として加わったのが、当時諸外国から決断を迫られていた兵庫開港問題でした。

ちなみにいえば、この年十二月、慶喜は家茂の跡を継いで将軍となります。ところがその二十日後に、何とこれまで一貫して慶喜を支持されてきた孝明天皇が突然崩御されるのです。慶喜は最大の支えを失うこととなり、これがその後の事態展開に決定的な影を落とすこととなっていったのは、もはや避けられない流れでした。

慶応三年五月、慶喜を取り巻く状況はとりわけ行き詰まりの色を濃くしていました。もはや孝明天皇という後ろ盾はなく、敵対する薩摩藩は武力討幕の意図を隠そうともせず、また列強各国は兵庫開港の前倒しの実施を執拗に迫り続けておりました。となれば、これまで拒否してきた諸侯の協力を求める他、道はありません。

ここで久光ら有志大名に再び上洛の声がかかり、またもや将軍となった慶喜との間でこの問題の決着が図られる、という展開となっていったのです。

何度となく、慶喜に公議実現の願いを潰され続けてきた久光や春嶽でしたが、これはまさに「公議」実現への最後のチャンスとでもいうべきものでありました。それを生かさないという選択肢はあり得ません。かくて慶喜の招きに応え、久光、春嶽、それに山内豊信、伊達宗城を加えた、世にいう「四侯会議」の開催ということになっていったのです。

とはいえ、この会議もまた慶喜に対する諸侯の失望を再確認させるだけの場、となって終わることとなっていきました。

「四侯会議」となれば、呼ばれた久光にとっては今や長州藩の復権こそが何にも優る課題であり、自らの面目にかけてもその実現をめざすのは当然だったでしょう。しかし、ここでも慶喜は、この長州藩の復権問題を平然と棚晒しにしたまま、ただ自らの喫緊の課題たる兵庫開港問題の解決のみを優先したのです。確かに長州藩問題は「寛大の処置」とはされました。しかし、何がその「寛大」の内容であるかは議論すらされなかったのです。

結果はまたしても有志大名が慶喜に都合よく利用されるというものでした。もはや彼らにとり慶喜は、「公議」への完全な障害以外の何ものでもありませんでした。

## 薩摩藩の「倒幕論」と土佐藩の「大政奉還論」

そうした展開となれば、面子を潰された薩摩藩としては、もはやこうした慶喜や朝廷を容認し続けるわけにはいきません。これに代わり、慶喜を排除した「新政府」を実現する他ない、と彼らが覚悟を固めるに至ったのはまさに当然です。むろん、慶喜が自ら進んで政権から退く、などといったことはあるはずもありません。ゆえに、武力を背景とした政変をもって、慶喜から実力をもって政権を奪う、という発想がそこに生じたのです。

しかし、その薩摩藩の動きの前に立ちはだかろうとしたのが、土佐藩の後藤象二郎でした。後藤はそのような武力的手段は国内分裂を招きかねず、また成功の可能性も低い。それよりも今は、むしろ慶喜に諸侯の側から自発的な政権返上を促し、それにより新たな政府への道を開いていくのが現実的な道ではないか、と説いたのです。いわば「建白」による「大政奉還」という、平和的手段をもっての新政府樹立です。

ちなみにいえば、ここでこの後藤に知恵をつけたとされるのが龍馬です。

多くのいわゆる維新モノでは慶応三年六月、龍馬が長崎から京都に向かう「夕顔丸」という船の中で、この「大政奉還論」を後藤に吹き込み、後藤がこれに感銘し、以後それを自らの主張として展開していくこととなった、というのがその「定番」ともいうべきストーリーといえましょう。むろんその時、龍馬がその場で示した構想が、かの有名な「船中八策」であり、これが土佐藩による「大政奉還建白」の決定的な発想の源となった、と併せて説かれていることはご存じの通りです。

ただ、歴史とは難しいもので、これには近年、知野文哉《ちのふみや》氏の『「坂本龍馬」の誕生』という本が出、ここでかなり念入りな考証の結果、この「船中八策」は後に他人によって作文されたもの、という分析が今は有力となっているのが現実でもあります。

龍馬がそれと同じようなことを考え、後藤に語ったことは多分あったでしょうが、今日伝えられている「船中八策」のようなものは書いていない、とされたのです。となれば、ここでこの「大政奉還」の基となったものとして、この「船中八策」を引用するのは少々具合が悪いという話にもなります。「船中八策」は「大政奉還」への経緯を説明するものとしてはこれ以上なく便利で説得力のあるものでしたが、「後世の創作」となればあえて引用するわけにもいきません。残念ながら、この「船中八策」はパスして、以後の話を進めていくこととする他ありません。

## 土佐藩による「薩土盟約」の提起

慶応三年六月、土佐藩から後藤象二郎、寺村左膳、福岡孝弟《たかちか》ら、薩摩藩からは小松帯刀《たてわき》、西郷、大久保らが出席して、この「大政奉還」に関わる重要な会談が京都でもたれます。これには坂本龍馬、中岡慎太郎もまた同席するのですが（恐らく会談の仕掛け人としてだったのでしょう）、ここで初めて土佐藩の側から大政奉還の構想とともに提起されたのが、以下に紹介する「薩土盟約」でした。

まずテーマとなったのは「大政奉還」のアイデアでした。とはいえ、いかに大政奉還が理のあるものだとしても、それが実現された場合の新政府の「受け皿」がここで具体的に示されるのでなければ、それは人々に責任をもって示せる構想とはなりません。かくて、ここに「議事院」という、有志大名たちによる長年の目標たる「公議」の体制の具体的なあり方が、初めて提起されるに至ったのです。

以下はその「薩土盟約」の「約定書」に示された七ヵ条中、最初の四ヵ条です。

一、天下の大政を議定する全権は朝廷に在り。我が皇国の制度法則、一切の万機、京師の議事堂より出ずるを要す。

一、議事院を建立するは、よろしく諸藩より其の入費を貢献すべし。

一、議事院上下を分ち、議事官は、上は公卿より下は陪臣・庶民に至るまで、正義純粋の者を撰挙し、なおかつ諸侯も自らその職掌に因りて、上院の任に充つ。

一、将軍職を以って、天下の万機を掌握するの理なし。自今、よろしく其の職を辞して、諸侯の列に帰順し、政権を朝廷に帰すべきは勿論なり。

ここでまず注目されるのは、上下二院からなる「議事院」の構想であることはいうまでもありません。「京師の議事堂」「議事院の建立」「議事官」等々、これは恐らく龍馬が春嶽や横井や勝や大久保忠寛《ただひろ》といった幕臣、更にいえば薩摩藩の留学生たちとの度重なる交流の中で、当時得ることとなっていった最新知識がベースとなっていったものだったのでしょう。第一章で紹介した福岡孝弟が起草に関わったとの指摘もありますが、龍馬と後藤との先の関係も考えれば、「船中八策」は後世の創作としても、この背景には何らかの龍馬の関与が想定されるのは当然といってよいと思うのです。龍馬にはその頃、欧米の議会政治に関わるそれなりの知識もあり、ここで龍馬なりの具体的アイデアの提供に及んだことは確実と考えられてよいからです。

とはいえ、問題はむしろ実現の方法です。アイデアは立派だとしても、だからといってかかる「大政奉還」などという大変な転換が、簡単に実現するという話はそもそも眉唾です。そのためには、いかにしてこれを慶喜に受け入れさせるか（例えば武力を背景に要求するか、あるいは説得をもってそれをするか）、また慶喜がこれを受け入れたとして、今度はその慶喜をこの新政府の中でどう位置づけていくか、あるいは位置づけないか――等々、実はまずそれ自体が議論の焦点となったはずで、実際にもそれがその後の最大の戦略上の問題ともなっていった、といえるわけです。

ただ、「公議」の体制実現という本書の趣旨からすれば、この薩土盟約で提起されることとなったこの構想の果たした役割は実に大きなものがあった、というのが私の認識です。それはその後、実際の土佐藩による「大政奉還建白書」の実質的な内容となり、また後に紹介する慶喜の「大政奉還の上表」にも引かれることとなり、更には「王政復古の大号令」における新政府構想の柱ともなり、最終的には五ヶ条の御誓文――とりわけ「万機公論」の一条――のベースともなっていくに至った、といってよかったからです。

先にも少し触れたように、この頃には欧米の議会政治に関わる知識が続々と日本に伝えられ、例えば福沢諭吉の『西洋事情』などは十五万部も売れる、という話にもなっていたといいます。つまり、この頃になると、当初漠然と唱えられていた「公議」も、単なる「諸侯会議」の枠を超え、具体的な「議会制度」の問題として、もっといえば「上下二院制」の問題として論じ始められることともなっていったといってよいのです。

最近はそうした知識を伝えた人物（例えば、上田藩の赤松小三郎などといった人物ですが）を取り上げた本もそれなりに出ているようですが、ただここは本書の性格上、そうした細部に立ち入ることは避け、話を前へ進めていくことにいたします。

# 五、ついに実現となった「王政復古」

## 「大政奉還」を受け入れた慶喜

さて、そこでこの「薩土盟約」の提案です。

薩摩藩はこれに賛同します。むろん、西郷、大久保らは自らの武力発動による政権奪取という考えを捨てたわけではありません。ただ、このような建白をしても肝心の慶喜が受け入れる可能性はきわめて少ない。とすれば、その時こそ、逆に武力発動の口実が生まれるのではないか、と考えたのです。

そうなれば、土佐藩も武力発動に協力せざるを得なくなる可能性が逆に生まれる。武力発動となれば、やはり土佐藩の力は大きな意味をもってきます。薩摩藩はこのような現実的な判断から、この土佐藩の提案をまず受け入れることとしたのです。

その結果、この「薩土盟約」は実際に締結となります。締結に当たっては、土佐藩もまたこの建白の「後ろ盾」として兵を上京させること、また盟約にある「将軍職辞任」が最重要の眼目であることが併せて確認されました。後藤は十日もすれば京都に戻ってくると西郷たちに約束、容堂説得のために高知へ帰っていったのです。


とはいえ、その後藤の約束が結果として守られなかったのです。後藤はその後、土佐藩に生起した他の案件の処理を優先せざるを得なくなり、帰京が九月へと大幅に遅れたのみならず、容堂には逆に兵を率いての上京を禁じられ、更には肝心の将軍職辞任の削除もまた命じられることとなってしまったからです。

西郷、大久保らがこの約束違反を問題としたのは当然でした。これでは薩土盟約は別の話になってしまいます。九月七日、彼らは盟約の解消を申し入れます。ただ、土佐藩による「大政奉還の建白」自体には反対はしない、との立場をとりました。

そんな中、西郷、大久保らがこの薩土盟約に代わり、新たな目標に定めたのは、長州藩との政変実行のための「薩長出兵協定」でした（後にこれに芸州藩が加わる）。武力を背景とした「政変」を断行し、勅命をもって慶喜から政権を奪い、「新政府」を樹立するとの協定です。武力行使の主体となるのは薩摩藩ですが、幕府側の逆襲も大いにあり得ます。その時は二藩の助力を受ける、というのがその内容でした。

武力を背景としない建白などに慶喜が応ずるはずはない。ゆえに慶喜による拒否が明らかとなれば即政変の実行、というのがこの計画の前提でした。しかし後に示すように、この計画には慶喜による「建白受け入れ」という想定もしなかった事態が生じたのです。計画は急遽変更となりました。一時は計画撤回という話もありましたが、彼らはこれで慶喜が幕政から完全に手を引き、スンナリ新政府樹立に進んでいくとは考えませんでした。慶喜は簡単に引き下がりはしない。これまで彼らはこの慶喜に、何度も同じような煮え湯を飲まされ続けてきたのです。

となれば、今度は新政府の構成から慶喜を完全に排除するという、新たな策が必要となっていくはずです。それが彼らの新たな計画となっていったのです。

## 「広く天下の公議を尽くし……」

土佐藩から慶喜へ大政奉還を求める建白が提出されたのは、十月三日でした。既に触れたように、西郷、大久保らの当初の予測では、慶喜による「建白受け入れ」はあり得ない話以外のものではありませんでした。にもかかわらず、同十四日、慶喜はこれを受け入れたのです。以下はその「上表」の一節です。

「従来の旧習を改め、政権を朝廷に帰し奉り、広く天下の公議を尽くし、聖断を仰ぎ、同心協力共に皇国を保護仕り候得ば、必ず海外万国と並び立つ可《べ》く候」

ここに「広く天下の公議を尽くし」とありますが、要は慶喜もようやくここに至るに及び、自らもまた「公議」を表明せざるを得なくなった、という話でもあったといえるでしょう。最初の「朝廷参与会議」での豹変以来、慶喜がいかにこの「公議」実現の壁となってきたかを考えれば、これは私にはある種の感慨さえ抱かされる一節ともいえます。

ただ、そのような評価はともかく、西郷、大久保らが「眼目」としていた将軍職辞任についてはこの「上表」には一切言及がありませんでした。八百万石を有する「武家の棟梁」としての徳川家の地位には未だ何らの変更もない、というのが厳然たる事実に他ならなかったのです。ということは、徳川家は依然として大政奉還後も絶大な力をもち続けることを意味するといえます。

ここから、むしろ西郷、大久保らの「事態逆転」へ向けての本格的な行動が始まったことはいうまでもありません。こんな事態が受け入れられるはずもないことは当然のことでしたが、実はそれと同時に、そもそも大政奉還を受け入れた朝廷自体がこの新たな事態に対処し得ず、全くの無力を露呈することとなっていったからです。

## 朝廷もまたつくり変える必要がある

朝廷はまず十月十五日、十万石以上の諸侯に上京を命じ、更にとりわけ徳川慶勝、松平春嶽、島津久光、山内容堂、伊達宗城、浅野長訓《ながみち》、鍋島閑叟《かんそう》、池田茂政《もちまさ》にはその名をあえて指名し、至急の上京を求めます。自分たち朝廷だけでは国の前途は決められず、ここでようやくかかる有力諸侯の助けを借りようとしたのです。

しかし、指名のあった有力諸侯たちは模様眺めを決め込み、上京を渋りました。こんな先も見えない状況の中で、自藩だけが突出する結果となることを恐れたのです。

更に二十二日、朝廷は慶喜に諸侯の上京が実現するまで当分庶政を委任するので従来通りこれを担ってほしい、との意向を伝えます。これでは朝廷には幕府の代わりは無理と自ら申し出たにも等しく、大政奉還の意味自体が失われる話でもあったといえます。

とはいえ二十四日、今度は慶喜の方から逆に将軍職の辞表が提出されるのです。大政奉還で「将軍職辞任」の言及がなかったことを問題視し、それを理由として「慶喜」の真意を問題にし始めていた薩摩藩らの動きにここで対抗しようとしたのでしょう。ただ、朝廷はこれを受理することはしませんでした。

つまり、大政奉還が行われたにもかかわらず、実は実際に変わったことは何もなく、慶喜による「庶政」は依然として続くこととなったのです。それどころか、ここでは逆に、ここで生じた権力の空白の中、大政を奉還した慶喜の「英断」がむしろ評価され、やはり慶喜でなければ何も動かない、との「慶喜再登場」の待望論さえ生まれ始めていたのです。

幕府側には、これが続けば再び政権再委任となる、との観測すら早くも生まれ始めておりました。となれば、こんな幕府も幕府ですが、むしろ朝廷自体が問題の根源という他ない情けない話だったという他ありません。

実はかかる事態を事前に予測して構想されたものこそが、西郷、大久保らによる再度の政変計画でした。このような事態に立ち至ることを阻むためには、むしろやはり武力により、ここで慶喜を完全に新政府から排除するとともに、かかる無力な朝廷自体もまた一からつくり変える他に道はない、と彼らはそこで新たに考えることとなっていったからです。

そのためには、長州との出兵同盟を確たるものとすることがまず第一でしたが、それとともに、自らは藩主茂久の率兵上京を早急に実現して政変への備えを確保し、併せて朝廷内において、この計画の「受け手」となってくれる同志を確保することがまず不可欠、という話になっていったのです。そして、そこでその朝廷内での「受け手」の役割を果たすこととなっていった人物こそ、岩倉具視であり、中山忠能《ただやす》、正親《おおぎ》町《まち》三条実愛《さねなる》、中御門《なかのみかど》経之《つねゆき》といった公家だったのです。

十月八日、まず西郷、大久保らはこの岩倉らと協議、「討幕の密勅」作成を依頼します。むろん、正規のものではなく、いわば偽勅です。しかし、政変を起こすとなれば武力発動が必要であり、それにはまずそれを命ずるものが必要でした。

つまり、薩摩藩内にはその時、出兵に反対する強い声があり、藩主茂久の率兵上京の必要を、改めてそうした面々に説くことのできる「権威」となるものが必要だったのです。もちろん、偽勅である以上、その使用は藩上層部に限られます。しかし、そうした限界は充分に踏まえた上で、藩内の出兵反対論をともかく抑え、上京目的を共有するための名分に使うと想定すれば、この密勅は大きな意味をもつはずでした。

十七日、西郷、大久保らはこの密勅を携え、揃って鹿児島へ帰国。茂久に率兵上京を求めることとなったのです。そして翌月二十三日、ついに茂久はこの求めに応じて上京を決断。一千の兵とともに長州を経由し、入京となっていったのです。

途上、長州藩との出兵同盟が再確認されました。いよいよ政変決行の準備完了となったのです。

## 新政府樹立への土佐藩の動き

一方、その間、京都で進行していたのは、土佐藩を中心とする新政府樹立への動きでした。大政奉還のアイデアを後藤に説いた坂本龍馬の「新政府綱領八策」（船中八策とは違う文書）はそのための文書であったと考えられるのですが、以下はその最後に付加された手順です。

まず新政府の中身を二、三人の「具眼の士」が検討を加えて議定。更にその後、諸侯の上京を待ち、合議の上でそれを決議する、というのです。そして「〇〇〇自ら盟主」となってそれを天皇に報告し、その承認を得た上で「天下万民」に公布する――というものです。ここで盟主となる「〇〇〇」とは誰か、ここには具体名はありませんが、龍馬は慶喜を想定していたとされます。

これを受けて十一月九日、土佐藩の福岡孝弟が春嶽の下に参上、この龍馬案に基づく新政府の具体構想を伝えました。内容は龍馬が作成したものとほぼ同様でしたが、政府の中心機関として上下の「議事院」を開設し、そのうち上院は有力諸侯を議員とした上で、摂政の二条斉敬《なりゆき》と慶喜がこれを「主宰」する、というものでした（なお、下院は諸藩士と庶民から選抜した議員で構成）。加えて新政府の基本方針はこの上院の合議で決議、それを天皇の承認を得て公布する、というものでもありました。

しかし、これには春嶽も賛成し、慶喜にも内々に伝え、賛同も得ていたのですが、肝心の有力諸侯の上京が思う通りにいきませんでした。そこで二十五日、この福岡と後藤らは再び春嶽に会い、今度は在京している有力諸侯だけの会議で新政府の創設を決議する、という修正案に転じたのです。諸侯の上京をただ漫然と待っているわけにもいかず、ここはまず実現を優先するという方針変更になったのでしょう（なおこの間、龍馬が凶刃に倒れますが、ここでは紙数の関係もあり、これには触れずに話を進めます）。

二十七日、大久保が春嶽に呼ばれます。土佐藩との間で話し合われていたこの新政府設立案について説明がなされ、賛同を求められたのです。しかし、それは薩摩藩が「明確な敵」としていた慶喜と摂政の二条を、改めて中心に置くものでした。薩摩藩としては断じて受け入れられるものでないことは明らかでした。慶喜にはとりわけ明確な「ケジメ」が必要だとし、大久保は強い反対の意をここで伝えたのです。結論からいえば、これで土佐藩の新政府樹立構想は頓挫となります。最も大きな力をもつ薩摩藩が反対したのでは、実現は無理という他ないからです。となれば、残るは西郷、大久保らと岩倉ら公家が連携する「政変」方式による新政府の強行樹立という話にならざるを得ません。果たしてそれに賛成すべきかどうか。ことここに至れば、もはや土佐藩にも反対という選択肢はありませんでした。後藤はこの政変の計画を基本的に受け入れることとなったのです。

## 「諸事神武創業ノ始ニ原キ」

政変の決行日となったのは十二月九日でした。

しかし、その前に片づけておかれるべき問題がありました。長州藩の「朝敵」からの名誉回復と、岩倉や三条実美《さねとみ》ら処分のままにあった公家の赦免です。これができなければ彼らを加えた政変の決行もまたあり得ません。そのため八日夜、朝までの徹夜の朝議が行われ、ここまで引き延ばしにされてきたこの懸案の解決がついに実現するに至るのです。

長州藩も三条も岩倉も、これで晴れて行動の自由の回復となりました。そして、これが政変発動のスタートともなったのです。

まず九日朝、復権が認められたばかりの岩倉が衣冠に威儀を正し、王政復古の大号令案と政府の組織及び人事案を入れた小函をもって五年ぶりに御所に参内。正親町三条実愛、中山忠能、中御門経之とともに若き明治天皇の前に進み、これらの案を呈した上で、王政復古の断行を上奏、天皇の裁可を得たのです。

これまで朝廷を仕切っていた二条摂政や朝彦親王ではなく、前日までは朝譴《ちょうけん》を受け参内すら叶わなかった岩倉が、ここでは一転、主役となりました、まさに「政変」ゆえです。また二条摂政と朝彦親王ら朝廷首脳部には、逆に「参内差し止め」が布達されました。もちろん、それを実効あらしめるべく、御所の各門には薩摩、土佐、越前、芸州、尾張五藩による兵が配置され、厳重に御所内部が固められたことはいうまでもありません。

以下はそのようにして発されることとなった「王政復古の大号令」です。

「徳川内府、従前御委任の大政返上、将軍職辞退の両条、今般断然聞こし召され候。そもそも癸丑《きちゅう》（注・ペリー来航の年）以来、未曾有の国難、先帝頻年、宸襟を悩ませられ候御次第、衆庶の知る所に候。之に依り叡慮を決せられ、王政復古、国威挽回の御基《もとい》立てさせられ候間、自今、摂関・幕府等廃絶、即今、先仮に総裁・議定・参与の三職を置かれ、万機行はせらるべし。諸事、神武創業の始に原づき、縉紳《しんしん》・武弁《ぶべん》・堂上《どうじょう》・地下《じげ》の別無く、至当の公議を竭《つく》し、天下と休戚《きゅうせき》を同く遊ばさるべき叡念に付、各勉励、旧来驕懦の汚習を洗ひ、尽忠報国の誠を以て、奉公致すべく候事」

つまり、将軍・徳川慶喜による大政返上、将軍職辞退があったこと、それにより「王政復古」となり、天皇の「叡慮（御心）」により摂関・幕府が「廃絶」となったこと、それに代わり、暫定的に「総裁、議定、参与」の三職制がとられることとなること、これは「神武創業の始」を範とし、身分の違いを超え、「至当の公議」を尽くし、国民と喜びと悲しみを一つにされんとする天皇の叡慮によるものであること、ゆえに国民は従来の「汚習」を洗い、尽忠報国の誠を以てこれに応えるべきこと——これがその内容でした。

## この内容は五箇条の御誓文にも通ずる

しかし、これは驚くべき宣言であったといえましょう。

幕府が否定されたのみならず、摂関制に基づく朝廷政治もまた否定となったのです。それが「神武創業ノ始ニ原キ」とされた趣旨であり、天皇の下、これまでの歴史的経緯とは一切関係のない、新たな政治が「創業」される、という宣言でもありました。

これはそれを推進した討幕派以外にとっては、予想もできなかった驚天動地の決定に他なりませんでしたが、他方その主体となった討幕派にとっては、「公議の体制」実現に向けたペリー来航以来の相次ぐ苦闘の上で、ようやく形を見るに至った歩みの帰着点でもありました。

「摂関廃絶」は意外なものであったことも事実でしたが、幕府の「守旧の壁」に阻まれ続けた春嶽、久光ら「公議」派の大名、そして西郷、大久保らの藩士たちにとっては、朝廷の「旧習」に凝り固まった壁は、そのレベルをはるかに超えるものでもあったのです。

それだけではありません。以下のような事実を踏まえれば、ここには何と五箇条の御誓文の内容が既に先取りされている、ということもできたのです。

この大号令で「至当の公議を竭し」とは、まさにこの「公議」の趣旨を宣言したものに他なりません。これを五箇条の御誓文の「万機公論に決すべし」につながっていくものとまず捉えれば、これは御誓文の先取りともいえるものでした。

また「天下と休戚を同く遊ばさるべき叡念」とは、この五箇条の後の「勅旨」にある「朕躬を以て衆に先んじ」や「ご宸翰」の「天下億兆一人も其の処を得ざる時は、皆朕が罪なれば」のご精神と同じものだとし、更に「旧来驕懦の汚習を洗ひ」は御誓文の「旧来の陋習《ろうしゅう》を破り」そのものとも併せて考えていくならば、言葉は難しくとも、これは後の御誓文の内容そのものの先取り、といっても決して過言ではないものといえたからです。

まさにこれは五箇条の御誓文に先立ち、「明治新国家」を新たに導いていく歴史の出発点に相応しい、実に意義深い宣言というべきものであったのです。

当日、午後四時から新政府設立のための初会議が開催されました。

王政復古宣言にある「総裁、議定、参与」に任命を予定された面々が新たに御所に参内。新政府の最初の会議となったのです。「総裁」は天皇の代理、「議定」は議事を担当する機関であり、かつて土佐案にもあったいわば「議事院」の上院、そして「参与」が同様に下院、という位置づけでした。懸案であった「公議」の体制がここに具体化されたといえましょう。

実はこれを受けて夜の会議では慶喜の処遇をめぐり、最初から大荒れとなったことはご存じの通りです。山内容堂が「この席に徳川慶喜が呼ばれていないのはおかしい」だの、「幼冲《ようちゅう》の天子を擁し権柄を窃取」だのと発言し、岩倉の反撃を受けたことは広く知られておりますが、ただこれについては他書にもあるところですので、それはそちらに譲ります。

いずれにしても、かかる中、以上に掲げた「王政復古の大号令」が発せられ、新政府はかくしてスタートすることとなっていったのです。

## 「公議」実現という「一貫した意思」の歴史

さて、以上の「公議」への過程を、私は本章冒頭で「挫折に次ぐ挫折」と表現しました。恐らくこれは本章をお読みいただいた皆様にも多分ご同感いただけるはず、と思ったからです。

「幕府専裁」の体制に何としても風穴をあけ、これをもっと「国家の意思決定」の場に相応しい形に変え、国民の力を結集していくことのできる「公的」なシステムにしていかなければならない、というのが「黒船来航」以後のわが先人たちの認識であり、決意でした。しかし、それはチャレンジしては壁に突き当たり、実現してはあえなく破綻に至る、といういわば紆余曲折の苦闘の過程でもあったのです。

しかし、先人たちはその一つひとつの壁を最終的には乗り越えていきました。このような「幕府専裁」のままではこの日本はいつかは沈没してしまう、という切実な危機感がそこにはあり、それが彼らを前へと駆り立てていったのです。

むろん、そこには筆舌に尽くしがたい苦しみや犠牲があったことも事実といわなければなりません。しかし、慶応三年十二月九日、ついに先人たちは先に紹介した「王政復古の大号令」に行き着いたのです。「五箇条の御誓文」は更にその先に成ったものですが、いずれにしても、これは「公議」実現への先人たちの苦闘の結果ともいえ、日本人がもっと誇ってもよい独自の歴史だとも思うのです。

五箇条の御誓文を由利や福岡や木戸の手になる単なる「五つの誓い」と見ることももちろん可能でしょう。しかし、その奥にはその起草に関わったこのようなもっと多数の先人たちの豊かで先進的な思想があり、またそれを明治新国家の守るべき道標ともなしていった先人たちの強烈な意欲と努力があった、とするのが私がこの本書で指摘したいことでした。そして、それはとりわけ、この本章の主題でもあった五箇条の御誓文の核をなす「公議」の実現へ向けての、先人たちの思想の「先見性と苦闘」でもあった、という話でもあったのです。

そのことを今、この場を借りてあえて指摘したいと思うのです。

本章が御誓文の成立過程の更にその先の前史、という回りくどいものとなった事実は否めません。ただ、それは御誓文の根底には、このような意義ある歴史があったことを是非とも知っていただきたいという、そんな思いがあってのものでした。そのことを、本章の最後に当たり、一言付言させていただく次第です。

# 終　章

# 昭和天皇と五箇条の御誓文

## 五箇条の御誓文こそが目的だった

昭和五十二年、この年は昭和天皇が七十七歳となられた年でしたが、八月、那須の御用邸で実に興味深い記者会見が行われました。昭和天皇はそこで、たまたま記者団から、二十一年年頭に出された「神格否定の詔書《しょうしょ》」（正しくは「新日本建設に関する詔書」、もしくは「年頭の詔書」）について、「詔書のはじめに五箇条の御誓文を入れられたのは陛下ご自身のご希望でしょうか」との質問をお受けになられたのです。

お答えは以下のようなものでした。

「そのことについては、ですね。それがじつはあの時の詔勅の一番の目的なんです。神格とか、そういうことは、二の問題であった。それを述べるということは、あの当時においては、どうしても米国その他諸外国の勢力が強いので、それに日本の国民が圧倒される、という心配が強かったから……。

民主主義を採用したのは、明治大帝の思し召しである。しかも神に誓われた。そうして『五箇条の御誓文』を発して、それがもととなって明治憲法ができたんで、民主主義というものは、けっして輸入のものではないことを示す必要が、大いにあったと思います」

このお答えは当時、かなりの波紋を巻き起こした、と私は記憶しています。ここで記者団のいう「神格否定の詔書」というのは、天皇が自己の「神格」を自ら否定されたとするいわゆる「人間宣言」の詔書として、当時一般では理解されていたものでしたが、これに対して昭和天皇は、「神格とか」は「二の問題だった」とされ、実は五箇条の御誓文を詔書に入れることが「一番の目的」だった、とされたのです。

これに対し、「とんでもない発言」との反発が一部に起こりました。現在とは違い、戦前の歴史といえばそれを頭ごなしに否定する反応が未だ一般的で、また反天皇の風潮もマスコミでは依然として強かった時代でした。しかし、昭和天皇はこうしたお言葉に留まらず、更に以下のようにもお付け加えになられたのです。

「そして、日本の誇りを、日本の国民が忘れると、非常に具合が悪いと思いましたから、日本の国民が日本の誇りを忘れないように、ああいう立派な明治大帝のお考えがあったということを示すために、あれを発表することを、私は希望したのです」

## 日本を再建できる「自前の精神」

この詔書は、前年末に出された神道指令を背景に、占領軍からの天皇の「神格否定」に関わる何らかの意思表明がほしいとする強い働きかけがあり、それに応えた詔書、というのが実際の背景だったとされます。この草案起草に当たったのが時の首相・幣原《しではら》喜重郎でしたが、昭和天皇は幣原から提出された、そうした趣旨を踏まえた詔書の草案をご一読になられた上で、その草案に当初なかった五箇条の御誓文をあえて冒頭に掲げるように、とご指示なされたというのです。

発表直後、これを「人間宣言」と呼ぶ風潮が専らとなったのは、そうした当時の状況を忖度《そんたく》したマスコミの判断によるものと思われますが、そのような状況の中、昭和天皇はそうした占領軍の意向を基本的に受け入れられると同時に、むしろ肝心な部分は巧妙にかわされ、逆に五箇条の御誓文を冒頭に掲げることを求められたのです。

当然、こうなってくると、この詔書に関わる個々の事実関係に関心が向きますが、本書は残念ながら、そこに立ち入るものではありません。それよりも、昭和天皇がそのような占領軍の意向を充分に承知されながら、なおその詔書の冒頭に五箇条の御誓文をあえて求められた、ということの意味を改めて考えてみたいと思うのです。

昭和二十一年の元旦といえば、敗戦からまだ半年も経っていない時です。まだ日本は廃墟の只中にあり、国民は日々の食料調達に追われ、戦後復興などまだまだ先の話というのが現実でした。敗戦の衝撃と、その後始まった占領軍による日本断罪、そして連日の米国流の自由や民主主義礼賛の思想宣伝は、日本国民の自信を失わせ、その精神を混乱させるに充分だったといえます。つまり、そんな時であればこそ、昭和天皇は仰せられたのです。

この混乱は今日の比ではありません。しかし、であればこそ、それを乗り越えていくことのできる強靱な「自前の精神」が求められたともいえましょう。それを昭和天皇は「日本の誇り」と捉えられたのです。

明日の日本といえば、誰もが占領軍の思想宣伝もあって、平和と自由と民主主義をただオウム返しに唱えていた時代でした。しかし、昭和天皇はそのような「借りもの」の精神では決して明日の日本への本当の希望と意欲にはならず、日本再建の力になるものでもない。むしろそうした民主主義はもともと日本にあったものだと、自国への誇りをもつことが明日の日本への真の力になる、とお考えになられたのです。

と同時に、それを「五箇条の御誓文」に求められたことも、実に大きな意味をもつことだったと思います。「民主主義を採用したのは、明治大帝の思し召しである。しかも、神に誓われた」と昭和天皇は仰られましたが、率直にいってこの記者会見当時も、こんな御誓文のことなどもはや誰もが忘れて顧みなくなっていたのが実際でした。そんなことをいうのはよほどの反動か、時代遅れにすぎないと一蹴されていた時代です。

にもかかわらず、昭和天皇はこの五箇条の御誓文に記者団の注目を集めさせたのみならず、それをわが日本の民主主義の出発点、とまで仰られたのです。

## 五箇条の御誓文に通底する詔書のお言葉

この「年頭の詔書」では、冒頭に「顧ミレバ明治天皇明治ノ初国是トシテ五箇条ノ御誓文ヲ下シ給ヘリ」とあり、その上でこの昭和天皇のお言葉にもあるごとく、五箇条の御誓文が掲げられ、以下のようなお言葉がその後に続いています。

「叡旨《えいし》公明正大、又何ヲカ加ヘン。朕ハ茲《ここ》ニ誓ヲ新ニシテ国運ヲ開カント欲ス。須《すべか》ラク此ノ御趣旨ニ則リ、旧来ノ陋習ヲ去リ、民意ヲ暢達《ちょうたつ》シ、官民挙ゲテ平和主義ニ徹シ、教養豊カニ文化ヲ築キ、以テ民生ノ向上ヲ図リ、新日本ヲ建設スベシ」

改めての解説は必要ないと思います。昭和天皇はこの五箇条の御誓文に対し「叡旨公明正大、又何ヲカ加ヘン」とまず指摘され、その上で「誓ヲ新ニシテ国運ヲ開カント」仰られ、この御誓文の「御趣旨」に則り、「新日本ヲ建設スベシ」とされたのです。

「官民挙ゲテ平和主義ニ徹シ、教養豊カニ文化ヲ築キ」というのは、いかにも当時の思想風潮を思わされる一節ですが、その前に「旧来ノ陋習ヲ去リ、民意ヲ暢達シ」とあるのはまさに御誓文そのもののご指摘ともいえたでしょう。当時とは時代は大きく異なるとはいえ、いま内外の難題に直面するわれわれにもまた、このお言葉は大きな示唆となるご指摘なのではないか、と私には思われてならないのです。
それだけではありません。この詔書には以下のようなお言葉もあります。

「長キニ亘レル戦争ノ敗北ニ終リタル結果、我国民ハ動《やや》モスレバ焦躁ニ流レ、失意ノ淵ニ沈淪《ちんりん》セントスルノ傾キアリ。詭激《きげき》ノ風漸ク長ジテ道義ノ念頗《すこぶ》ル衰ヘ、為ニ思想混乱ノ兆アルハ洵《まこと》ニ深憂ニ堪ヘズ」

「我国民ガ其ノ公民生活ニ於テ団結シ、相倚《よ》リ相扶ケ、寛容相許スノ気風ヲ作興スルニ於テハ、能ク我至高ノ伝統ニ恥ヂザル真価ヲ発揮スルニ至ラン。斯《か》ノ如キハ実ニ我国民ガ人類ノ福祉ト向上トノ為、絶大ナル貢献ヲ為ス所以《ゆえん》ナルヲ疑ハザルナリ」

先にも指摘したように、これは幣原首相の起草になるものです。しかし、起草に当たっては昭和天皇のお考えになっておられることをまず前提とし、その上でそれを自ら咀嚼し、まさに昭和天皇のお考えそのままのものとして起草されたことはいうまでもありません。そう考えれば、ここにはやはり五箇条の御誓文にも通底する昭和天皇の国民への呼びかけがあるともいえ、ここにあるお言葉も実に重く、意味深いものだと私は思うのです。

確かに詔書には以下のような、占領軍の意向そのものをうかがわせるような一節もあります。この詔書が「人間宣言」とされる所以となった当の部分です。

「朕ト爾等《なんじ》国民トノ間ノ紐帯《ちゅうたい》ハ、終始相互ノ信頼ト敬愛トニ依リテ結バレ、単ナル神話ト伝説トニ依リテ生ゼルモノニ非ズ。天皇ヲ以テ現御神《あきつみかみ》トシ、且日本国民ヲ以テ他ノ民族ニ優越セル民族ニシテ、延テ世界ヲ支配スベキ運命ヲ有ストノ架空ナル観念ニ基クモノニモ非ズ」

しかし、昭和天皇はこれは「二の問題」だとされたのです。

昭和天皇のお口から、これは占領軍の意向による一節であった、などといえるはずもありません。これが真相に関わる昭和天皇のギリギリのお言葉だったのでしょう。とすれば、われわれとしてはむしろこの直前に「朕ハ爾等国民ト共ニ在リ、常ニ利害ヲ同ジウシ休戚《きゅうせき》ヲ分タント欲ス」とあることを考えるべきだと思うのです。

五箇条の御誓文の「勅旨」の部分では「朕躬を以て衆に先じ」とあり、「御宸翰」では「天下億兆一人も其の處を得ざる時は、皆朕が罪なれば」とあることは、既に第一章で見てきたところですが、いずれにしてもこうしたお言葉の中に通底する「常に国民と一体の天皇」というご精神が、五箇条の御誓文からこの年頭の詔書に至るまで一貫して揺るがない核心の精神であり続けている、ということなのです。昭和天皇はこのこともまた、国民にお示しになられようとされたのではないでしょうか。

## 今求められる新たな時代への精神と希望

冒頭にも述べましたように、今日のわれわれもまた容易ならざる新たな課題に直面しています。新型ウイルスはいうに及ばず、中国の脅威の問題、北朝鮮やロシアや韓国という近隣諸国との外交の問題、そして国内的には人口減少や、年々凶暴化する自然災害や、今から想定される大震災の問題等々といった問題に他なりません。

考えるだけでも気が重くなってくる問題でもありますが、であればこそ昭和天皇があの敗戦の廃墟と国民の思想混乱という現実の中で、五箇条の御誓文をあえて国民に示そうとされたご真意もまた、見えてくるともいいたいのです。

今まで見てきたように、五箇条の御誓文には今日にも通ずる溌刺として柔軟な、また進取の気性に富むとともに包容性にも富み、まさに「広大」というに相応しい精神があるといえます。これをそのまま復活したらよい、という話ではもちろんありませんが、まさに今、それを充分に自ら咀嚼した上で、この誓いを新たなものとする明日への希望や指針を皆で論じてもよいのではないか、と私は思うのです。

もちろん、この五箇条の御誓文がこのような重大な意味をもつ誓いとなり得たのは、天皇の権威がそこにあったからです。それも「天地神明ニ誓ヒ」と天皇御自らが「神に誓われた」という権威に他なりません。それは決して国民を権力によって方向づけようとするものではなかったことは、論を俟《ま》ちません。まさに教育勅語にもあるように、「朕爾《なんじ》臣民と倶に拳拳服膺《けんけんふくよう》して咸《みな》其の徳を一にせん」というものでもあったのです。

日本が直面する個々の問題については、それぞれ専門家の分析があり、対策に関わる提案があることは皆様もご存じの通りです。われわれがそれに大いに教えられ、参考にもさせていただいてきたことはいうまでもありません。しかし、今われわれに真に求められているのは、むしろそうした現実対応のレベルを更に超えて、昭和天皇が五箇条の御誓文に託されたごとき、われわれに新たな方向性を与え、それに向けてわれわれを鼓舞《こぶ》し得る根本的な精神であり、希望ではないかと私は思うのです。

五箇条の御誓文は王政復古を成し遂げた新政府が、国民が一体となって向かうべき方向を示した新時代への精神であり、誓いでした。その一番の核となったのは「広く会議を興し、万機公論に決すべし」でしたが、それは明治の新国家を導き、憲法を制定していく基本の道標ともなったことは既に私も触れてきたところです。政府側のみならず、在野の自由民権派にとっても「導きの星」となったのです。

そしてそのベースとなった「公議」の精神は、ペリー来航以来のわが国の新たな統一国家づくりの根本を形作った精神でもありました。それは幕末の先人たちにこれまでの体制の壁を越えて国民の力を結集することの急務を自覚させ、守るべきは幕府や藩ではなく、この日本であることを示し、そのためにそれに相応しい国政決定のあり方が模索されるべきであることを示すビジョンでもあったのです。

それは単なる哲学や理論といったレベルのものに留まりませんでした。岩倉具視はこの「公議」の実現に向けた歩みを維新実現後、「大義」を正し「名分」を明らかにし、と表現しましたが、それは先人たちの心にあった「国民的確信」を想起させ、それを踏まえた将来像を構想させ、そこに向けての歩みに力を与える精神であり、希望でもあったのです。

今われわれの前には憲法改正という課題があります。これについても、論ずべきことは多々あるのでしょうが、目下の現実的な策とともに、もっと先を見た長期の展望もまたもっと論じられてもよいのではないか、というのが私の思いです。

そしてそう考える時、私には五箇条の御誓文はそれに当たり、まず参照されるべき基本の文書だと思われてならないのです。

以上に見てきたように、五箇条の御誓文それ自体はきわめて簡潔なものです。しかし、そこにはこれからのわれわれに必要なことは全て含まれている、ともいえるように私には思われてならないのです。昭和天皇は「年頭の詔書」で、この五箇条の御誓文を「叡旨公明正大、又何ヲカ加ヘン」と仰られましたが、確かにここには余計なことは何一つなく、にもかかわらず、一読すれば国民の大多数がそうだと納得させられ、前進への力を与えられることが、掲げられてあるように思われるからです。

とすれば、これこそがこれからの議論のベースとなるものではないか。


いずれにしても、あの敗戦の廃墟の中で、国民にこの日本に対する「誇り」が失われてはならないとお考えになられた昭和天皇のお心を、私はきわめて重くありがたいものだと考えます。そしてその日本人としての「誇り」を、五箇条の御誓文を掲げることをもってお示しになられようとされた昭和天皇のご認識に対しても、深く尊敬の思いを抱くものです。

五箇条の御誓文は日常的にわれわれが出合い、その意味を誰もがいつも意識するようなものではありません。その意味では、皆様には今までほとんど関心をもたれることもなかったテーマだったとも思います。しかし、昭和天皇がお考えになられたように、これは日本国民の「誇り」の源泉となるとともに、まさに先の「年頭の詔書」にもあったように、「我国民ガ其ノ公民生活ニ於テ団結シ、相倚リ相扶ケ、寛容相許スノ気風ヲ作興スル」力となり、更には「我国民ガ人類ノ福祉ト向上トノ為、絶大ナル貢献ヲ為ス所以」ともなり得る精神を示すものでもある、と私は考えるのです。

本書はそんなささやかな思いから、長らく自らの胸に温め続けてきたテーマでもありました。最後にそのことを一言記し、本書の終わりとさせていただきます。

## あとがき

本書の原稿を書き始めてから一週間ほどして、新型ウイルスに関わる連日の報道が始まりました。毎日、新たに伝えられるニュースに、果たしてこれからこの日本はどうなるのか、と不安に心を揺さぶられつつ、この原稿を書き進めていった日々が忘れられません。問題は長期化の様相を濃くしていますが、いずれにしても今後、世界のあり方に根本的な再考を迫る重大な契機となっていくであろうことは確かだと思います。

中国が当初、爆発的に発生しつつある異様な感染の事態を知りつつ、自らの権力の維持を優先し、情報の隠蔽を図ったことがまず世界の人々の批判を呼びました。こうして情報が隠蔽されている間に、感染は瞬く間に世界へと広まり、今や各国をかつてない恐怖へと追い込み、結果として世界経済をどん底の状態に陥れる最悪の事態ともなっていったといってよいからです。もっと早くこの事実が正直に世界に知らされていたならば、そしてもっとこの危険が正確に伝えられていたならば、と私もまた同様、痛切に思わざるを得ませんでした。

こんな思いの中で五箇条の御誓文を論ずるというのも妙な話ですが、こうした中国のきわめて非人間的ともいうべき対応を見つつ、実はこの五箇条の御誓文に示された、国民一人ひとりを尊重する人間的な精神を、この時、改めて考えさせられることとなったのです。「官武一途庶民に至る迄、各其志を遂げ、人心をして倦まざらしめん事を要す」とそこにはありますが、こんな国民一人ひとりを重んずる宣言が今から約一世紀半も前、新国家がめざすべき「道標」として掲げられたという事実に、改めて強く心を動かされることとなったのです

もちろん、人間が作ったものである以上、内容は完璧ではあり得ません。しかし、それはそれとして、わが先人たちが新たな国づくりの冒頭、このような「広大な精神」をあえて掲げたという事実は、やはり注目されてよいことだと思うのです。根拠もない自国への過信は忌むべきものです。しかし、先人たちが掲げたこの理想は、われわれに今後の日本がめざすべき精神性豊かな方向性を改めて考えさせてくれるとともに、今日の現実を真摯に振り返らせてくれる自省の材料ともなると思うのです。

率直にいって、未だにこの日本では、歴史といえばまず批判的に構えてみせる、というのが知識人の流儀でもあります。しかし、われわれはこうした自国に対する「他人のような姿勢」を、そろそろ見直してもよいのではないでしょうか。対象にあえて距離を置くそのような姿勢は、歴史への一体感と、先人たちに対する率直な敬愛の思いを失わさせ、この歴史から本来なら得られるはずの人間的な共感も、愛着も、教訓もわれわれから奪い去ってしまうように思われてならないからです。

この御誓文の素晴らしさを何としても伝えたい——。

編集部から本書発刊の話をいただいてから、そんな思いで勇んで書き始めました。しかし、それは自らの微力を改めて痛感させられる毎日ともなりました。しかし、そんな私を、御誓文が励まし、鼓舞してくれたというべきか、何とか完成に至ったのが本書でもあります。

執筆に当たっては、書中で紹介させていただいた書籍・論文に止まらず、多くの専門家の方々の所説を参考にさせていただきました。心より感謝申し上げます。

可能な限り読みやすいものを、との本書の趣旨から、引用文には句読点、漢字、仮名遣いに限定し、私の判断で少々手を加えました。ご了解たまわりたく存じます。

本書は先の『教育勅語の真実』『明治憲法の真実』に続く致知出版社からの三冊目の著書となります。いわば「真実シリーズ」の第三弾目ともいえましょう。このような身に余る機会をお与えいただきました藤尾秀昭社長、柳澤まり子編集部長はじめ編集部の皆様に、改めて深く感謝を申し上げる次第です。

令和二年三月三十日

伊藤哲夫

## 主要参考文献


『明治憲法成立史　上巻』（稲田正次　有斐閣）
『大日本帝国憲法制定史』（明治神宮編　神社新報社）
『日本憲政史』（尾佐竹猛　日本評論社）
『大久保利謙歴史著作集1』（大久保利謙　吉川弘文館）
『横井小楠』（松浦玲　朝日選書）
『由利公正』（角鹿尚計　ミネルヴァ書房）
『横井小楠と松平春嶽』（高木不二　吉川弘文館）
『龍馬の「八策」』（松浦光修　ＰＨＰ新書）
『木戸孝允』（松尾正人　吉川弘文館）
『維新期天皇祭祀の研究』（武田秀章　大明堂）
『維新史再考』（三谷博　ＮＨＫブックス）
『明治維新とナショナリズム』（三谷博　山川出版社）
『日本の近代2　明治国家の建設』（坂本多加雄　中央公論社）
『王政復古』（井上勲　中公新書）

〈著者紹介〉

**伊藤哲夫（いとう・てつお）**

昭和22年新潟県生まれ。新潟大学卒業。国会議員政策スタッフなどを経て、保守の立場から政策提言を行う日本政策研究センターを設立。現在日本会議常任理事、日本李登輝友の会常務理事。著書に『明治憲法の真実』『教育勅語の真実』（ともに致知出版社）『経済大国と天皇制』（オーエス出版）『憲法かく論ずべし』（日本政策研究センター）などがある。


# 五箇条の御誓文の真実

令和二年五月二十五日第一刷発行

著者　伊藤　哲夫

発行者　藤尾　秀昭

発行所　致知出版社

〒150-0001東京都渋谷区神宮前四の二十四の九

TEL（〇三）三七九六―二一一一

印刷・製本　中央精版印刷

落丁・乱丁はお取替え致します。　（検印廃止）





ISBN978-4-8009-1233-6 C0095

ホームページ　https://www.chichi.co.jp

Eメール　books@chichi.co.jp